省级示范性高职院校特色项目建设成果

高职校园文化建设
GAOZHIXIAOYUANWENHUAJIANSHE

概览及实务
GAILANJISHIWU　　赵　军◎编著

西南交通大学出版社
·成都·

图书在版编目（CIP）数据

高职校园文化建设概览及实务 / 赵军编著. —成都：
西南交通大学出版社，2015.9
ISBN 978-7-5643-4321-7

Ⅰ. ①高… Ⅱ. ①赵… Ⅲ. ①高等职业教育－技术学校－校园文化－建设－研究 Ⅳ. ①G718.5

中国版本图书馆 CIP 数据核字（2015）第 232684 号

高职校园文化建设概览及实务
赵军　编著

责 任 编 辑	臧玉兰
封 面 设 计	王雪松 墨创文化
出 版 发 行	西南交通大学出版社 （四川省成都市二环路北一段 111 号 西南交通大学创新大厦 21 楼）
发行部电话	028-87600564　028-87600533
邮 政 编 码	610031
网　　　址	http://www.xnjdcbs.com
印　　　刷	成都蜀通印务有限责任公司
成 品 尺 寸	170 mm × 245 mm
印　　　张	12
插　　　页	8
字　　　数	188 千
版　　　次	2015 年 9 月第 1 版
印　　　次	2015 年 9 月第 1 次
书　　　号	ISBN 978-7-5643-4321-7
定　　　价	51.00 元

图书如有印装质量问题　本社负责退换
版权所有　盗版必究　举报电话：028-87600562

刚柔交错，天文也；文明以止，人文也。观乎天文以察时变，观乎人文以化成天下。

——《周易》

序

文化 —— 为学生可持续职业发展奠基

本书旨在回眸十年建设，记录广安职业技术学院（以下简称"广安职院"或"学院"）第一代建设者，秉承以文化的力量催生职业教育的茁壮、繁荣，熔铸历史情怀，勇于创新创造，建设有文化、有品位的高职校园的不凡历程。其在探索中的文化思考和文化实践，或许在漫长的时间长河里只会留下浅浅的一抹文化痕迹，但薪火相传的文化的博大和智慧，以及由此养成的文化素养，将植入莘莘学子的生命而历久弥新，并启迪一代代广安职院学子在感受文化的教化、凝聚、激励和温暖中，担当坚守文化的使命，承载文化传承的重任，实现文化践行的自觉。

本书是在大学化进程中，对校园文化建设的理性思考和实践，围绕历史积淀与现实发展，人文根基与道德践行，社会责任与个性发展，既有对历史的审视，也有对现实的反思。《中共中央关于深化文化体制改革，推动社会主义文化大发展大繁荣若干重大问题的决定》，使校园文化建设有了一个制高点；《关于培育和践行社会主义核心价值观的意见》，使我们拥有了文化建设的精神坐标和方向感。广安职院党委根据新时期职业教育发展的要求，在文化方略的谋划中，以高度的文化意识和文化使命，围绕传承小平精神，高扬主流文化，确定了"文化为学生可持续职业发展奠基"的理念。坚持导向、格调、品味的有机统一，要求每一个育人者既是先进文化的倡导者、引领者，又是多元文化建设的践行者、耕耘者，始终坚持学院的发展离不开积极向上的思想文化引领，始终坚持教书与育人两手抓的重要原则，通过探索"一核三维五元"的文化建设模式，以历史铸就的文化根基为依托，与时俱进，沿着又好又快发展的轨迹，在传承与扬弃，粗放与规范的博弈中，提炼文化价值要素，在具有恒久价值智慧的创新中，逐步形成学院独特的文化品格。

文化是一个复杂的过程，从方法论上把复杂问题简单化是本书谋篇的遵循。在本书撰写中，笔者坚持顺应文化建设发展规律，把握校园文化建设本质，围绕理论与实践，概述理论，注重实务。概览部分，力求提纲挈领，将校园文化建设的必备要素，以要点呈现，不过多阐述；实务部分，则力求以丰富的文化实践诠释理念、思路、模式以及方法的共性，其具有可操作性。

我们坚信，在文化建设的坚持与守望中，经由文化浸润、滋养的校园底色，必将濡染一代代年轻的心灵。在实践中所追寻的校园核心价值观的内化外显及校园文化的丰富多彩，必将成为广安职院独特的文化基因和价值高度；因文化而开启的精彩世界，必将成为学子们青春岁月的生命体验和最温馨的文化记忆。

著 者

2015 年 8 月

前　言

《高职校园文化建设概览及实务》，概览部分围绕高职校园文化建设的全面开展，从职业教育的类型特点及独特的类型文化入手，在理论上探索并总结了高职文化的基本特点、遵循原则和价值向度等相关问题，并对素养的养成，网络文化的建设和国际化背景下的高职校园文化建设进行了简要阐述。实务部分则从精神、制度、物质三个维度，全面介绍了广安职院的文化建设实践，用生动丰富的文化形式诠释了"一核三维五元"的文化建设模式。

本书是对省级示范性高职院校特色建设项目——《"五元互动"高职校园文化建设》的阶段性总结，旨在通过梳理，明晰得失，进一步推动学院文化建设的持续发展。

本书由广安职院赵军老师编著，其中第二章第六节由赵俊峰老师撰写，第二章第七节由王丽华老师撰写，感谢甘华银老师、王丽华老师对本书在写作、校稿中的大力支持，感谢王雪松老师、杨燕老师、邓鹏雄老师、杨奇峰老师的大力支持。

因作者水平有限，书中难免有不当之处，敬请有关专家、学者和广大师生批评指正。

著　者

2015 年 8 月

目　录

第一章　高职校园文化建设概览 ……………………………………… 1

第一节　高等职业教育的类型特点 …………………………………… 5
　一、类型特点 …………………………………………………… 5
　二、文化自信 …………………………………………………… 6
　三、高职校园文化的思考 ……………………………………… 8

第二节　高职校园文化的基本特点和原则 …………………………… 14
　一、基本特点 …………………………………………………… 14
　二、基本原则 …………………………………………………… 19

第三节　地方高职校园文化建设的价值向度 ………………………… 22
　一、校园文化建设的价值主线 ………………………………… 23
　二、校园文化建设的基本维度 ………………………………… 25
　三、校园文化建设的主要内涵 ………………………………… 26

第四节　高职校园文化的主要载体 …………………………………… 31
　一、校园环境感知文化——感同身受，渐入佳境 …………… 32
　二、课程教育培育文化——春风化雨，涵咏文化 …………… 32
　三、文化活动传播文化——演绎风采，潜移默化 …………… 35
　四、实习实训体验文化——躬身实践，深入体察 …………… 35

五、职场创业检验文化——素养养成，行而致远 ………… 37

第五节　文化与素养 ………………………………………… 38
　　一、关于素养 …………………………………………… 38
　　二、冰山理论 …………………………………………… 39
　　三、素养的养成 ………………………………………… 40
　　四、高职学生综合素养基本框架 ……………………… 42

第六节　地方高职网络文化建设概谈 ……………………… 49
　　一、什么是高校网络文化 ……………………………… 49
　　二、网络文化的特征 …………………………………… 50
　　三、地方高职院校网络文化建设的有效途径 ………… 52

第七节　教育国际化背景下的高职校园文化建设 ………… 56
　　一、高等职业教育国际化的内涵 ……………………… 56
　　二、高职校园文化国际化建设的必然性 ……………… 57
　　三、高职校园文化国际化建设的思路 ………………… 59

第二章　高职校园文化建设实务 …………………………… 61
　　　　——广安职院追寻的文化之旅

第一节　地方高职类型化与本土化的有机融合 …………… 65
　　一、广安及广安职院简介 ……………………………… 65
　　二、文化的类型化和本土化 …………………………… 66

第二节　地方高职校园文化建设的基本框架 ……………… 68
　　一、理念先行 …………………………………………… 68
　　二、思路清晰 …………………………………………… 69
　　三、模式构建 …………………………………………… 69

  四、方法科学 …………………………………………… 70
 第三节 校园文化建设实务 ………………………………… 74
  一、精神文化建设（MI） …………………………………… 74
  二、制度（行为）文化建设（BI） ………………………… 89
  三、物质文化建设（VI） …………………………………… 121

第三章 高职校园文化理论初探 …………………… 145

《邓小平文化观指导下的高职校园文化建设实践》……… 147
 一、邓小平文化观概述及其现实指导意义 ………………… 147
 二、"五元互动"的校园文化建设实践 …………………… 149
 三、结束语 ……………………………………………………… 156

《〈论语〉的智慧
  ——浅谈高职教育校园精神》……………………………… 157
 一、立德修身的伦理规范 …………………………………… 157
 二、有教无类的平等情怀 …………………………………… 161
 三、取验务实的求真精神 …………………………………… 162
 四、游艺习技的价值取向 …………………………………… 162

《时时勤拂拭，莫使惹尘埃
  ——基于 6S 理论的高职廉洁文化教育探索》………… 165
 一、他山之石，可以攻玉 …………………………………… 166
 二、取类比象，因材施教 …………………………………… 167
 三、以立为主，崇廉尚洁 …………………………………… 170

《汇聚青春正能量 开启追梦之旅
——"三个面向"视野下的
少数民族学生教育管理》…………… 175
一、培植新苗，筑梦小平故里 ………………… 176
二、雨露滋润，追梦和谐校园 ………………… 176
三、茁壮成长，圆梦求索之路 ………………… 178
后　记 ………………………………………………… 179

第一章

高职校园文化建设概览

高等职业教育作为高等教育发展中的一个类型，肩负着培养面向生产、建设、服务和管理第一线需要的高技能人才的使命，在我国加快推进社会主义现代化建设进程中具有不可代替的作用。

——《关于全面提高高等职业教育教学质量的若干意见》

现代职业教育是服务经济社会发展需求，面向经济社会发展和生产服务一线，培养高素质劳动者和技术技能人才并促进全体劳动者可持续职业发展的教育类型。

——《现代职业教育体系建设规划（2014—2020年）》

坚持走内涵式发展道路，适应经济发展新常态和技术技能人才成长成才需要，完善产教融合、协同育人机制，创新人才培养模式，构建教学标准体系，健全教学质量管理和保障制度，以增强学生就业创业为核心，加强思想道德、人文素养教育和技术技能培养，全面提高人才培养质量。

——《教育部关于深化职业教育教学改革
全面提高人才培养质量的若干意见》

开门见山，引用上述重要论述，是想给职业教育工作者一个视角，从类型特点、建设现代职业教育和提高人才培养质量的大背景下，立足于文化理念、体系架构、运行机制来探索高职校园

文化软实力建设，通过文化的张力，探索职业教育人才多样化成长渠道，围绕"文化素质+职业技能"，构建高职学生基本素养、通用素养与特定专业素养相融的能力框架，在文化的持续浸润中沐浴人类的文明之光，形成学生远航的引擎。

职业教育是国民教育体系和人力资源开发的重要组成部分，是广大青年打开通往成功成才大门的重要途径，肩负着培养多样化人才、传承技术技能、促进就业创业的重要职责，必须高度重视、加快发展。要树立正确人才观，培育和践行社会主义核心价值观，着力提高人才培养质量，弘扬劳动光荣、技能宝贵、创造伟大的时代风尚，营造人人皆可成才、人人尽展其才的良好环境，努力培养数以亿计的高素质劳动者和技术技能人才。要牢牢把握服务发展、促进就业的办学方向，深化体制机制改革，创新各层次各类型职业教育模式，坚持产教融合、校企合作，坚持工学结合、知行合一，引导社会各界特别是行业企业积极支持职业教育，努力建设中国特色职业教育体系。要加大对农村地区、民族地区、贫困地区职业教育支持力度，努力让每个人都有人生出彩的机会。各级党委和政府要把加快发展现代职业教育摆在更加突出的位置，更好支持和帮助职业教育发展，为实现"两个一百年"奋斗目标和中华民族伟大复兴的中国梦提供坚实人才保障。

——习近平

第一节　高等职业教育的类型特点

一、类型特点

从历史的发展看，大学经历了从宗教、知识传播、学术研究、社会服务和文化引领的演变，承担着人才培养、科学研究、社会服务、文化传承四大任务。随着高等教育结构体系的不断丰富和稳步向前，随着新型工业化的推进和科学技术的发展，中国高等职业教育应运而生，异军突起。新的战略定位，使其在国家人才培养体系中发挥着越来越重要的作用；新的价值追求，又使它在大学化进程中迅速蜕变、崛起，走上了可持续发展的道路；它新的培养目标，立足于服务区域经济，从而为国家培养了一大批高素质、高技能人才。它有为、有位的价值追求，与时俱进的进取精神，独特的育人模式和多元包容的文化特色，形成了独一无二的类型化特点：

- 引领劳动光荣、技能宝贵、创造伟大的时代风尚；
- 以服务发展为宗旨，以就业为导向的办学方针；
- 产教融合的教育理念；
- 培养高素质劳动者和技术技能人才的育人目标；
- 校企合作、工学结合、顶岗实习、知行合一的人才培养模式；
- 专业性与职业性融合的课程体系；

- 教学做一体化、学以致用、用以促学、学用相长的教学模式；
- 政府引导、行业企业深度参与，政行企校对接融合的发展平台；
- 双师素质及双师教学团队建设。

二、文化自信

通常意义的文化是指狭义的文化，属社会意识形态，即人们在生存和发展中形成的并通过各种活动表现和传承的价值观念、优秀传统、行为方式、知识体系、规章制度、语言符号、风俗习惯。它在思想认识、教育引领、规范自律等方面影响着人们的文化心理、思想行为走向文化自觉。

高等职业教育具有独特的教育类型特点，也具有别具一格的类型文化形态。围绕面向现代化、面向世界、面向未来的民族的、科学的、大众的社会主义文化方向，高等职业教育坚持类型化的文化发展之路，主动适应经济社会新常态，在文化变革中勇于探索，以一往无前的创新，形成了兼具教育特征和行业企业特色的文化形态。这种形态，不是一种静态的文化现象，而是一种动态的文化变革。高职特色鲜明、充满活力的文化类型，必将成为昂扬职教人文化自信的不竭动力。

（一）从精神文化视角看

高职校园文化具有独特的价值体系和价值追求，应坚持立德树人为根本，培养和践行社会主义核心价值观，坚持产教融合的职教理念，牢固树立增强本领、服务群众、奉献社会的职业理想，重视培养崇尚劳动、敬业守信、创新务实的职业精神，自觉将爱岗敬业、精益求精、执著坚毅等职业品格，融入学院发展的顶层设计和思想文化建设中，以弘扬中华优秀传统文化和现代工业文明为己任，形成以德为先、追求技艺、重视传承的优良传统。

（二）从制度文化视角看

应以制度建设为保障，通过知行合一的行为文化建设，坚持内涵发展道路，立足于关注学生职业生涯和可持续发展需要，建章立制。在宏观层面，从针对性、规范性、可操作性、可持续性角度，国家陆续出台了一系列关于加快发展现代职业教育的相关文件和政策，这也是校园文化建设的根本准绳。在微观层面，从大学化进程中，高职院校自身的制度建设正在有序推进，规范化建设取得了长足进步。如将文化建设融入学院发展规划、人才培养方案、校园环境建设等就有了制度性保障。例如：围绕立德树人、提升素养的特色文化建设就能做到内涵丰富、多姿多彩，围绕基于工作过程的行动导向，通过任务驱动、项目导向、案例解剖、仿真实习的课程文化建设就会有声有色。

（三）从物质文化视角看

应始终坚持具有职教特色的物质文化建设，这样融合产业行业文化的校园环境就别显风采。例如：实训中心、实训基地（室）

坐落于静谧的校园，可传达工业文化的阳刚气息和规整的空间品质。它独特的视觉传达，由内至外地散发着的职业文化气息，都无声地影响着学子们的价值取向以及对职业的认同。

因此，高等职业教育作为促进全体劳动者可持续职业发展的教育类型，其独特的文化价值体系是基于它特殊的历史文化渊源和广泛的现实基础，基于它国家使命的担当。当劳动托举中国梦成为高职人共同的价值追求时，为国家培养高素质技术技能型人才的责任，会使他们在文化的传承、传播和创新中，以更加自觉和自信的文化态度，去探索一条独特的类型文化建设之路。

三、高职校园文化的思考

校园文化是社会意识形态的反映，它带着强烈的学校教育意志，是学校在长期的育人实践中形成的稳定价值取向。因此，从文化的功能看，以文化人，既是价值观，又是方法论，二者在思想内容方面具有内在的逻辑联系。高职校园文化建设作为一项系统工程，涉及理念、思路、模式、方法等诸多因素。正如写文章一样，谋篇布局时，必须围绕提出问题、分析问题、解决问题的思路结构原则，处理好立意与选材、思路与结构的关系，讲究立意高远，思路清晰，结构合理，选材典型。文化建设亦然，高屋建瓴、确定理念是关键，理清思路、统筹谋划是前提，形成模式、整体推进是重点，确定方法、有效开展是保障。

（一）理念

从校园文化建设的逻辑起点看，理念须先行，是先导。好比写文章，要使文思畅通，关键在立意。从文化建设自身看，理念是文化建设的思想，是文化发展的方向，是文化推进的根据。理念的高远决定着文化建设的高度和持续推进的深度。从职业教育育人功能看，高职教育发展的最高境界是走向文化自觉。将文化作为高职院校发展的内核，确定"以文化人"的建设理念，由此制定自上而下的文化建设规划，是文化建设的立足点和发展方向。

文化似乎不直接关系国计民生，但却直接关联民族的性格、精神、意识、思想、言语和气质。抽出文化这根神经，一个民族将成为植物人。

——冯骥才

（二）思路

思路决定出路，它是文化建设的思考线索或发展脉络，是按照文化建设的逻辑，围绕文化内部规律和建设方向，找出其必备的若干要素，并掌握这些要素的内在联系所形成的脉络，是有条理、有秩序、有步骤地组织推进的思维过程，朱自清先生曾将思路比作文脉。

好的思路具有纲举目张的作用。"纲"指的是文化建设的理念，具体是指价值观；"目"是指文化内涵的各主要环节。在此前提下，开阔视野，研判高职文化的现状，找到差距，理清思路，必须紧紧抓住思想、脉络、结构三个关键要素，如此方能实现提纲挈领的目的。思想即是文化建设的理念，脉络是文化建设的路径，结构布局则形成了思路实现的骨架。构建精神、制度、物质三位一体的校园文化体系建设思路具有如下的共性：

一是新常态下的高职校园文化建设，将面临新的挑战和新的机遇。十七届六中全会以来，国家对意识形态领域空前重视，已将文化软实力建设上升到国家战略高度。加快发展现代职业教育成为与新型工业化、信息化、城镇化、农业现代化建设同步发展的制度性安排，这给职业教育的育人质量和育人规格提出新要求。因此，思考文化的发展，必须在构建的初始阶段里，就理清文化发展的头绪和条理，找准贯穿的红线，确定好科学的路径，搭建好建设的载体，这样之后方能有条不紊地开展文化建设。

二是从教育综合改革背景出发，要求高职校园文化建设必须具有更广阔的视野。从政策层面看，政府职能转变所释放的信号，即由政府主导变为政府引领、规范、督导时，在向市场寻求资源的过程中，高职院校自身必须在文化思路上有清醒的认识，主动找好产教融合的结合点，在文化对接上，通过产业文化进教育、企业文化进校园、职业文化进课堂，将产业、行业、企业、职业文化有机融入校园文化，形成共同的文化语境和利益交集，实现互利双赢。

三是正确处理好文化活动和课程文化建设的关系，坚持以丰富的文化活动为基础，以课程文化建设为关键，针对学生人文素养缺乏的现象，强化通用能力培养。在思路上，要把优化课程结构作为文化建设的重要环节，抓住课程这个文化内涵建设的关键，处理好提升素养与培育技能的关系。在课程开发中，坚持以高度的文化自觉,重视公共基础课在学生文化素养养成中不可或缺的功能。通过文化通识教育,形成学生以职业素养为核心的可持续职业发展能力。

四是高职教育超常规发展,成效有目共睹,其类型化特点已基本形成。但文化建设缺乏有深度的理论研究,一些看似轰轰烈烈的文化活动,大多只停留于外在的形式,有的甚至形式大于内容,而未触及思想、课程等核心文化。基于此,遵循文化建设的发展脉络,高职人仍需在传承与创新的文化实践中,以理清思路为重要抓手,不断探索,总结经验,积极应对在体制机制创新中产生的文化变革,为高职校园文化建设实践提供有深度的理论成果和智力支持。

(三) 模式

模式指文化建设的标准形式或使他人可以参照的标准样式。它是文化实践的高度概括和理性思考中抽象出来的普遍规律,具有可操作性和推广价值。从这个角度看,模式是研究的范例,也是指导开展系列活动的方法。古人云:"不谋万世者,不足以谋一时;不谋全局者,不足以谋一域。"模式建设,其实质是根据国家要求以及学院需求的有关文化建设格局的规划。从外在形态看,它关乎结构或布局,注重各组成部分搭配与排列是否科学、条理是否分明,讲究谋篇布局。从内在逻辑看,它涉及方向、维度、内涵等要素的确定、搭建、选择,需要运筹帷幄。因此,模式构建必须注重思想的条理,并一以贯之;重视维度的确定,多管齐下,实行立体化推进;强化内涵和载体的优质性，既要承载青春的纯正品质，又要能引起广大学生的心音共鸣。

（四）方法

"取法其上，仅得其中，取法其中，仅得其下"，这是方法的辩证法。爱因斯坦曾说：成功=艰苦的劳动+正确的方法+少说废话。这是讲方法的重要性。如果要将以文化人作为方法论，制定校园文化建设的整体规划，强化校园文化的价值功能，那么就需要内涵的支撑和技术品质的保障。

1. 寻找依据，理论支撑

校园文化犹如万花筒，缤纷多彩，内容丰富，必须坚持正确方向，提炼价值内涵。"他山之石，可以攻玉"，坚持以科学理论为引领，构建文化建设体系，自觉引入其他学科领域的理论研究，从不同视角指导校园文化建设应成为工作开展的重要切入点，如企业管理之 CI 理论就可为我们提供方法论上的重要法宝。

2. 循序渐进，久久为功

文化建设是一个"化成"的过程，必须按照一定的步骤逐渐深入地展开。在时间上，有循序推移中文化的熏陶，以量的积累实现质的变化。在空间转移里，不同文化载体的共振所形成的活力，实现着多维育人的目标。久久为功是指在渐进的过程中，用文化的博大，通过浸润的方式，以润物无声的力量，锲而不舍、持之以恒，在潜移默化中提升学生的综合素养。

3. 因地制宜，突出特色

将校园文化的本土化纳入方法范畴，是属于技巧的问题。应以融入地方文化特色作为切入点，通过巧思，将地域的价值取向、风俗习惯、审美追求、人文环境等，导入高职校园文化建设，以保证它的鲜活和接地气。常言道：一方水土养一方人。独特的文化土壤中生长的本土文化，一定会给高职学院打上别具一格的精神印记，使之逐步形成高职教育独具魅力的文化品格。

弘扬中华优秀传统文化和现代工业文明，加强技术技能文化积累，开展劳模、技术能手、优秀毕业生等进学校活动，促进产业文化和优秀企业文化进校园、进课堂，着力培养学生的职业理想与职业精神。

——《职业院校管理水平提升行动计划（2015—2018年）》

第二节　高职校园文化的基本特点和原则

一、基本特点

高职教育作为优秀文化传承的重要载体和思想文化创新的重要阵地，其文化具有一套独立的价值体系，承担着涵养师生人文情怀和塑造师生集体人格的重任。它特有的职业教育理念和人才培养模式，在长期的职教实践中，逐步形成了高职校园文化稳定的基本特征，这也是高职校园文化的独特性格。

（一）先进引领性

中国共产党是优秀传统文化的传承者，更是刚健清新的先进文化的创造者。它倡导的社会主义先进文化，是高职院校思想工作的灵魂；它弘扬的社会主义核心价值观，作为社会主义先进文化的精髓，是我们共同的思想道德基础。高职校园坚持用先进文化为学生精神成长导航，以春风化雨的温暖，陶冶学生的情感，引领意志、态度和价值观，使其内化为理想信念和道德情操的坚守，外化为对中外优秀文化传承的自信和自觉，践行和守护崇高的梦想，以实现对理想人格的塑造。

社会主义先进文化是马克思主义政党思想精神上的旗帜。

——十七届六中全会报告

（二）集成开放性

鲜明的跨界性、开放性是高职文化的重要特征。集政行企校不同领域的文化于一体，既有职业特色，又有行业气息，更有学校教育品性。通过政行企校的互动和融合，围绕育人目标和员工认同的价值观，将学校教育文化与行业企业文化有机统一，培养学生的信念、价值、责任和原则，是一种开放且集大成的文化。其政府引领、市场引导、产教融合、校企合作、工学结合的开门办学的特点，决定了职业教育必须围绕技术进步、生产方式变革、社会公共服务等政策要求和社会经济发展的导向，融合产业发展、行业要求、企业需求，培养学生良好的从业态度和劳动技能，其文化背景更为广博，文化的共振性合力和集成性特点更为鲜明。

集大成也者，金声而玉振也。

——《孟子·万章下》

（三）传承传播性

传承先进文化是高职院校的基本功能，通过对浩如烟海的物质文化和精神文化的学习、借鉴、取舍，积极掌握前人积累的文化成果，扬弃旧义、创立新知。继承优秀的民族传统文化，弘扬健康特色的地域文化，学习先进的国外文化，这种传承具有一脉相承的精神特征和思想意识；同时文化传播作为文化辐射的过程，让广大学生在甄别借鉴和传达分享中，推动优秀文化发扬光大，实现文化自觉。

传播的起源和最高境界并不是指智力信息的传递，而是建构并维系一个有程序、有意义，能够用来支配和容纳人类行为的文化世界。

——詹姆斯·凯瑞

（四）平等包容性

承担着培养数以亿计的高素质技术技能型劳动者的高等职业教育，其文化形态是一种大气包容的文化，具有海纳百川的情怀，秉承着"有教无类"的传统教育思想，遵从人人平等的公平正义精神，适应需求，面向大众，重视平等，为更多青年提供了优质的教育资源和学习机会，为他们实现人生梦想提供了更加公平而多样的发展平台。高职教育的蓬勃发展，既是高等教育大众化的主战场，更生动践行着让每个人都有人生出彩机会的"中国梦"。

醉心于古文化研究的英国历史学家汤因比曾经说过：如果可以选择出生的时间与地点，他愿意出生在公元一世纪的中国新疆，因为当时那里处于佛教文化、印度文化、希腊文化、波斯文化和中国文化等多种文化的交汇地点。

——广东2012年高考作文材料

（五）审美移情性

校园文化从精神、制度、物质所传递的文化信息，所体现的大学美感特质，诸如精神的崇高庄严与和谐之美，制度的规范落实和严谨之美，环境的大气厚重和诗画之美，都承载着对大学生审美观的熏陶。通过对美的认知、感悟、欣赏，培养基于道德和价值的审美判断，提升青年一代对美的鉴赏品质，形成真实而审美的人生，是高职文化建设的使命；同时，校园的美感还体现着学院管理者所具有的人文修养。在建设情景交融、诗画一体的育人环境中，管理者所具有的审美设计和以物铭志、养心寄情的审美情怀，都能通过一草一木、一砖一瓦、一房一舍移情而境语隽永，让学生置身诗景，缘景明情，实现审美体验。

一片自然风景是一个心灵的世界。

—— 阿米尔[①]

（六）地域独特性

历史是城市的根脉，高校是城市的标记，校园文化与地缘文化有着不解之缘。地域文化既是地方高职文化建设鲜活生动的源头活水，又是高职文化独具本土魅力的要素。因此，高职校园文化的形成、演进，其内外形态无不打上属地文化的烙印。一大批独具地方特色的红色文化、民俗文化和非物质文化，不仅丰富了校园文化的内涵，更在学习传承和践行中避免了高职校园文化同质化的倾向而异彩纷呈。

一方水土养一方人。

—— 谚语

（七）渐进浸润性

学生在文化熏陶中成长，其思想品行因文化的感染在不知不觉

---

① 阿米尔为瑞士思想家。

地提升。按照循序渐进的原则，在以文化人的进程中，经由岁月积淀、内化修炼的素养，是通过量变的积累逐渐养成的，并伴随人们终生。从这个角度看，浸润具有建设方法和过程的双重属性。

文化，是一种包含精神价值和生活方式的生态共同体，它通过积累和引导，创建集体人格。

——余秋雨

（八）多维互动性

校园文化建设具有系统性和协同性，必须运用整体思维，使校园文化建设的规划设计，既自成体系又相对独立。宏观层面，以国家意志为准绳，引领方向；中观层面，科学规划校园文化建设，脉络清晰，规范严谨；微观层面，以系、班为建设主体，灵活多样，丰富生动。这种自上而下、自下而上的融合、呼应，形成了校园文化的有序、健康、和谐。

多维并举，系统推进；互动融合，合力共育。

——笔者

（九）多层统一性

校园文化的形态一直是在精神与物质的交融中创新完善，并呈现丰富多元的特性——有政行企校不同领域的特色文化交流，有院、系、班不同层次的文化展示，有校园文化与地方文化的互动融合，可谓波澜起伏、错落有致。统一性则指始终遵循主流文化的价值取向，任你多姿多彩，均需濡染社会主义核心价值底色。

百花齐放，异彩纷呈；漫而不蔓，形散神聚。

——笔者

（十）品牌保障性

在校园文化建设中，要牢固树立品牌意识。品牌的本质就是品质，是学院文化活动有的放矢的量身定制。经一代代学子传承创新的经典文化活动，一定融进了学院的深厚积淀和职业教育理念、地域文化特色，由此形成的品牌，要有相对的固化，以便形成传统，在传承有序中演绎，在与时俱进中创新。

品牌就是质量。

——孙在国

二、基本原则

基本原则指开展工作所坚持的法则，是校园文化建设根据一定的观点、思想，从方法、内容、形式上应坚持的准则与规范。

（一）形神兼备，内外兼修

"神"指社会主义核心价值观这一灵魂，即将培育和践行社会主义核心价值观贯穿校园文化建设全过程，以确保校园文化发展坚定的方向。"形"指培育核心价值观的多样化形式，包括丰富的内容和多元的载体。内外兼修则指从顶层设计到构建校园文化建设基本框架，从环境文化建设到 VI 设计规范，从人才培养方案制定到课程建设、实习实训开展以及文化活动展示，都必须体现社会主义核心价值观的内化外显。

（二）理实一体，合力共育

遵循"实践—认识—再实践—再认识"的认知路径和现代职业教育的基本规律，坚持专业课理实一体化推进，实现学生职业技能和职业精神的高度融合；树立公共基础课职业化转型理念，围绕学生通用素养的提升，推动基于职业素养提升的公共基础课职业化转型在教学实践中的探索；按照标准化要求建设实训室和实训基地，提高学生实践操作能力；根植于学院文化建设实践，深入开展校园文化理论研究，指导文化实践向纵深推进。

（三）寓情于景，情景交融

自觉秉承"一切景语皆情语"的中华传统美学思想，深度挖掘校园文化的价值要素，立足于建设现代职业教育的时代要求，遵循开放式、立体化、以人为本的理念，坚持以形载神、情景交融的文化建设原则，着力打造具有诗情画意的校园文化工程，努力营造清新质朴、健康向上的文化氛围，实现环境育人的目标定位。

（四）多维互动，收放自如

多维互动是指文化建设主体自上而下、自下而上的相互呼应，究其实是文化推动的一种组织形式。围绕国家文化建设的制度设计，构建校园文化建设体系，通过多维互动的校园文化建设平台，在指导系（班）按照学院文化建设规划开展的文化系列活动中，必须始终牢牢把握意识形态的话语权，使校园文化既有高度的主流声音，又富有特色与个性。收放自如是指从客观上对整个文化建设的掌控和驾驭。通过正确处理放与收的关系，使校园文化形态既有统一意志，又百花齐放、多元包容，在自觉遵守主流文化的价值底线中，传递健康、和谐、文明的正能量。

职业院校要坚持立德树人，积极培育和践行社会主义核心价值观，弘扬"劳动光荣、技能宝贵、创造伟大"的时代风尚，营造以文化人的氛围，从学校理念、校园环境、行为规范、管理制度等方面对学校文化进行系统设计，充分发挥学校文化育人的整体功能。

——《职业院校管理水平提升行动计划（2015—2018年）》

第三节　地方高职校园文化建设的价值向度

所谓向度是指一种视角，是判断、评价和确定一个事物的多方位、多角度、多层次的概念，是有关模式构建的理论。

文化的内涵博大精深，属于马克思论述的精神生产力，它是政治、经济、社会、生态在内的文明建设的灵魂，在我国称为文化软实力。它包括民族文化的吸引力，政治价值观的感召力，外交政策的亲和力，发展道路的吸引力和国家形象的赞誉度。回顾历史，从农耕文化的血脉、情感、等级到工业文化的竞争、信用、契约，在人类漫长的历史演进中，统治阶级的意识和主张从来都是在一脉相承的思想文化中得到体现、传播，其主流价值形态作为国家意志，召唤和引领人们自觉维护并践行它。

作为优秀文化的集聚地、先进文化的传播地、精神文明建设主阵地的高职校园，其文化形态也是意识形态领域里社会思想文化和校园精神生活的具体化，是在职业教育的生动实践中形成的一种独特的行业文化。它的文化发展与建设，同样需要选择好正确的坐标与科学的路径，多管齐下，坚持文化建设理念的高度，亮明社会主义核心价值的底色，确保正确的文化建设方向；坚持校园文化建设布局上的立体化维度，既有精神、制度、物质的三位一体，又有多维、多层、多点的格局，以展示校园文化的丰富多彩；坚持文化内涵的广度和深度，传播正能量，弘扬真善美，如此方能确保校园文化的高洁品质。

一、校园文化建设的价值主线

文化建设的核心是价值观建设，文而化之的实质是思想道德教育养成的过程。当把文化作为德育的一种方法、途径和手段时，丰富的文化资源便承担了引领和教化的作用，让文化走进心灵，走进精神，融入生命，让国家的价值取向成为师生践行不惑的价值认同，更能体现思想文化润德育人的重要作用。

社会主义核心价值观三个层面：

- 国家层面：富强 民主 文明 和谐；
- 社会层面：自由 平等 公正 法治；
- 公民层面：爱国 敬业 诚信 友善。

核心价值观是文化软实力的灵魂、文化软实力建设的重点。这是决定文化性质和方向的最深层次要素。一个国家的文化软实力，从根本上说，取决于其核心价值观的生命力、凝聚力、感召力。

——习近平

国无德不兴，人无德不立。核心价值观作为上层建筑，它是民族精神和时代精神的凝练和总结，是我们最大的思想共识和最重要的精神支撑。它融进了马克思主义价值体系，挖掘了中国优秀传统文化的价值观基因，借鉴学习了世界优秀成果，立足于民族复兴的伟大实践和坚持中国特色社会主义的共同理想，从国家、社会、个人三方面凝炼了价值目标、价值取向、价值准则。它"承载着一个民族，一个国家的精神追求，体现着一个社会评判是非曲直的价值坐标"。

"大学之道，在明明德。"文化建设与思想政治教育的结合点在于，以社会主义核心价值观培育学生高度的文化自觉。社会主义核心价值观作为文化的思想结晶，是高职校园文化建设的内核和精髓，是学院顶层设计的灵魂，是一切工作的生命线。它既支撑着宏观的机制体制创新改革，又融入人才培养方案、课程建设标准和环境文化的建设。古人说：木受绳则直，金就砺则利。正确的价值引领，不仅能点亮学生心中最亮的明灯，让他们的文化心理走向主流，更能为他们成长成才提供源源不断的动力，指引他们在人生之路的上下求索中勇往直前。因此，明大德，守公德，严私德，三德互动、共振育人，是大学教书育人工作的底色，贯穿于综合素养和职业精神培育的全过程。

青年是标志一个时代最灵敏的晴雨表，他们的价值追求确定了整个未来的价值取向和社会风气。从这个角度出发，抓好大学生的核心价值观养成教育，必须解决好"知"与"行"的关系。古人云：知是行之始，行是知之成。按照习近平同志"勤学、修德、明辨、笃实"的要求，紧紧围绕三个倡导，立足于品德教育中进行精神塑形，通过价值观的外显内化，实现高山仰止、景行行止，向上向善的价值追求。

按照分类指导的原则，结合国家对职业教育的大力倡导和高职学生的实际情况，找准他们思想的共鸣点，自觉将学院精神、校园风貌、职教实践建成涵养核心价值观的载体，打造清新自然、活力绽放的校园文化建设生态，在技能、情感和价值观上促进学生全面发展，知荣明理；在个人立场坚守上，旗帜鲜明，形成自觉奉行核心价值观的文化共识和价值共识，实现文化润内、养德固本的目标。

核心价值观是文化的承重墙，是决定文化性质和方向的深层次要素。核心价值观之所以重要，是因为它是文化的酵母，是被一个共同体系集体认同的价值观念，是凝聚一个族群的精神纽带。它内存于心，外显于行，为人类提供精神支撑，为族群提供价值共识，为国家确定文化方位。①

———— 张涛甫

二、校园文化建设的基本维度

从架构上看，多维文化是高职校园文化建设的立体化支撑，它是校园文化蓝图的筋骨。遵循思路开阔，严密细致，层次分明的原则，精神文化总览全局，亮出思想底色；制度文化建章立制，实现知行合一；物质文化荷载真善美，释放正能量。纵向上，通过对历史的探幽，把握前车后辙的一脉相承；横向上，通过对现实的研判，慎思之，明辨之，实现拓展学生人文视野，培养价值判断力，形成正确价值观的目的。

精神文化指拥有的思想观念、价值体系、文化品牌等精神形态，是学校发展建设的灵魂，是校园文化建设的核心。它指引着高职院校的办学方向，是专业建设和制定人才培养方案的灵魂。它根据办学者的要求和主张，从理论认知到实践探索，以主流价值观为内核，

---

① 张涛甫：《用精神力量托起一个伟大的时代》，《文汇报》，2014-06-30。

引领受教育者树立正确的价值取向，培养健康的政治道德品质。

制度文化是指一定价值观指导下并要求全体师生共同遵守的行为规则和办事规程，是文化实践的重要遵循，是学院在长期的育人实践中形成的机制性保障，它对学院开展的所有文化活动具有规范和引导的作用，是形成个体自律和文化自觉的前提保障。同时制度还是品牌的助推器，通过融合建设者的价值观，将抽象的文化意义与品牌的无形价值有机统一，从而形成学院的文化软实力。

物质文化则是一种显性文化，是育人者的价值取向和审美追求的一种物化设计。让环境成为学习园地，承载教育功能，充当潜在课堂，是物质文化建设的追寻。它是体现在校园每一个物质载体上的教育元素，强调实用性、艺术性、教育性。通过物化美景的熏陶和具有特定内涵的视觉传达——具有审美性的文化符号，构建出人与环境和谐相处的生态美景。

三、校园文化建设的主要内涵

校园文化软实力建设的主要内涵，是校园文化生机和活力的体现。根据职业教育的文化建设实践，从内容到形式，从广度到深度所凝练的文化品牌，融思想性、教育性、职业性于一体。有对红色文化的坚守，职教文化的发扬，民族文化的认同，传统文化的弘扬，地方文化的传承。始终坚持红色文化导向性、职教文化实践性、民族文化包容性、传统文化传承性、地域文化本土性的校园文化实践。通过课程和活动的持续渗透，必将形成植入学生心灵深处的精神底蕴和文化力量。

（一）红色文化

红色文化是一种宝贵的精神财富，是具有鲜明中国特色的文化形态，是"五四"以来的革命文化和社会主义建设时期形成的时代精神的有机统一，具有鲜明的时代性、人民性、先进性和丰富性。通过开展红色文化教育，挖掘革命英烈、革命精神、时代精神、和红色景点等呈现的精神文化意蕴，用鲜活的人、事、物、魂，在缅怀先烈丰功，继承先烈遗志，学习时代楷模，发扬时代精神中，实现思想感召和教化。

红色文化是一种具有中国特色的政治文化，内涵着党的意识形态。[1]

——管仕廷

（二）职教文化

职业教育文化决定着从业者的素养，代表着品牌的质量，关系着产业的可持续发展。其文化形态集质量文化、诚信文化、创新文化、责任文化、品牌文化、节俭文化、创业文化、环保文化于一体，是行业企业文化与高职校园文化的有机融合。职业教育以自己突出的比较优势，与时俱进，跨越发展，它的差异化、个性化发展的路径，避免了中国高等教育同质化发展趋向。在推进城乡一体化的背景下，通过营造崇尚技能，劳动光荣的氛围，向受教育者传授系统的产业、行业和企业文化，坚持工学交融，驱动学生自主发展；坚持校企共育，引领学生遵规守则的自觉；坚

---

[1] 见《传承》，2012年第13期。

持学用对接，拓展学生服务社会和创新创造的能力，按照劳动者所需的正确的价值观和从业技能，培养学生遵纪守规、诚实守信、勇于创新、团结协作等高素质劳动者所必备的品质。

推进产业文化进教育、企业文化进校园、职业文化进课堂，将生态环保、绿色节能、清洁生产、循环经济等理念融入到教育过程，开展丰富多彩的校园文化活动，建设融合产业文化的校园文化。

——《现代职业教育体系建设规划（2014—2020年）》

（三）民族文化

民族文化具有文化的多样性特征，展示了中华文明的开放性和包容性，它集和合文化、包容文化、特色文化于一体。遵循各民族共同团结奋斗、共同繁荣发展的主题，建设友爱、互助、合作的新型民族关系，增强各民族学生对伟大祖国和中华民族的认同。因此，抓住"和合"这一民族文化建设的关键，挖掘同宗同源、和而不同的优秀传统文化思想，秉承"尚和合、求大同"的主张，树立正确的文化视野和文化态度，按照多样性与一致性统一的原则，遵循"各美其美、美人之美，美美与共、天下大同"的理念，遵从文化背景的差异，包含风俗习惯、生活细节等，跨越文化障碍，学会善待差异，顺应接受，包容欣赏，共同成长，从家国责任的角度形成共同的价值观，树立正确的跨文化意识。

民族性是文化高地标识。

——严良堃

（四）传统文化

传统文化集历史文化、经典文化、思想文化、创新文化等文化形态，通过文化的积累、扬弃、传播，助推社会的文明进步。中华文化的兴盛延续对民族潜在人格的塑造和价值取向的认同意义非凡。习近平同志指出，"中华优秀传统文化已经成为中华民族的基因，根植在中国人内心，潜移默化影响着中国人的思维方式和行为方式"，它是社会主义核心价值观的重要来源。因此牢牢把握优秀传统文化的价值目标，让学生在对传统美德、优秀经典的学习礼敬中吸取先贤的智慧精华，感悟文明和文化的博大精深，充分发挥传统经典怡情养志、涵育文明的重要作用，加强对其思想价值的挖掘，讲仁爱，重民本，守诚信，崇正义，尚和合，求大同，引领学生领悟优秀传统文化精华，感悟优秀传统文化魅力，接受优秀传统文化洗礼。

中华民族长存不亡，衰而复兴，在多灾多难中奋进，其秘密在于文化，在于这种文化所包含的生生不息、刚毅诚信、博厚悠远、仁爱通和精神。[1]

——牟钟鉴

（五）地域文化

地域文化具有鲜明的民族性和地域性，它集独特的红色精神文化和本土的民俗文化于一体,旨在通过有地方特色的红色文化、民俗文化，特别是非物质文化的学习传承，挖掘特色文化背后的

---

[1] 牟钟鉴：《走进中国精神》，北京华文出版社，1999年版。

故事，礼赞先民的勤劳和智慧，积淀相应的地方文化素养，增强认同感和归属感，实现依托地方、服务地方、贡献地方的办学定位。

独特的风土人情所孕育的地域文化形态构成了中华文化的丰富性、多样性、独特性。

—— 笔者

第四节　高职校园文化的主要载体

校园文化是基于学生健康成长而打造的精神栖息地，它有质朴的信仰和追求，有品德的修炼与砥砺，有情感的培育和熏陶，有审美的提升和体验。因此，思想、方法和情志是校园文化建设的关键，载体则是高职文化建设的实现基础。世界范围内思想文化交流、交融、交锋形势下价值观较量的新态势，改革开放和发展社会主义市场经济条件下思想意识多元、多样、多变的新特点，倒逼高职教育必须在价值取向、道德观念和文化诉求趋于多元的新形势下，坚守文化方向，选择和培育优质载体，这是文化建设的重要基础。通过营造励志而又清新、诗意的文化氛围，将生生不息的青春力量与时代精神有机融合，专业建设与文化建设有机贯通，这是载体建设的关键。坚持主流性，加强对载体的判断和选择，要把其弘扬主旋律，传播正能量作为重要的价值标准。载体所演绎的文化，要能紧扣时代脉搏，与青春同行，展示最火热的时代生活和最蓬勃的青春岁月。坚持丰富性，从环境建设、课程建设、实习实训、文化活动等多管齐下，培养学生的辩证思维，提高他们的价值判断。坚持针对性，不放弃个性追求，必须找准高职学生思想的共鸣点和关注点，了解他们所思、所想、所为，有的放矢，搭建学生喜闻乐见的建设载体，通过自由、开放、融合的平台展示，通过生动而丰富、多彩而具有教化的系列活动，让学生感受高职校园文化的独特魅力。

一、校园环境感知文化 —— 感同身受，渐入佳境

优美的环境可说是学生进入校园后感受到的一种最直接的视觉艺术，它影响着其最初对大学的认识，能对学生产生持续的审美影响。英国诗人约翰·梅斯菲尔德曾说过：世间很少有事物能比大学更美。校园的一草一木、一砖一瓦，都融注了教育者的情怀。学生进入大学得到的第一文化感受与熏陶就是这所大学的校园环境。校园环境作为大学校园物质文化建设的主要载体，具有明丽、欢愉、轻灵、质朴、温暖的美感，这种有厚度、有质感的自然之美和人文之美，直观地反映了这所大学的文化氛围、文化品位、文化特色与文化风格上，因此它对在校大学生的成长与教育起着不可替代的作用。

二、课程教育培育文化 —— 春风化雨，涵咏文化

课程是校园文化建设的主阵地，是知识、技能、情感培养和传递的主战场，坚持文道统一，坚持专业文化课与公共文化基础课共融，坚持文化素养提升与职业能力培养一体化推进，是课程文化建设的重点。

（一）公共基础课与通识教育

公共基础课属于学科体系，对于培养学生良好的品格和高尚的审美意识，以及树立正确的健康观念具有重要的作用，它固有的学科文化和学科德育是综合素养培育的重要内容。通过人文社会科学等公共课的传授，在思政理论、历史学科、大学语文、教育心理学、音体美等课程的学习中，实现政史的塑魂、文学的悟道、艺术的审美、音乐的怡情、体育的弘毅、教心的养性，用人文精神濡染学生的心灵，最终使这形成影响其一生并适应岗位迁移需要的通用素养。

公共基础课的育人作用与专业文化的学习既有相同的目标，又有不同的侧重，它更关注学生个体成长所应具备的健全人格、思维品质、文化修养、审美情趣。它重在让学生在对优秀文化的学习和积累中进行人生意义的思考，对真善美、假丑恶进行评判与辨别，对自然予以关注与敬畏，对人类及自身予以审视与关爱，并在思辨中切问、近思，实现人文素养提升与道德践行的统一。

（二）专业课程与文化建设

专业课程是学生技能形成的坚实基础，其丰富的专业文化元素更是学生职业价值观形成的重要内容。专业文化是一种在专业学习中进行的有关职业精神、职业规范、职业情感，以及劳动价值观培养和传播，行业企业文化的学习和体验的文化。它坚守自己的育人原则，以培养学生敬业、奉献、自律、坚忍、安全、环保等素养为己任，具有一套独立的育人体系，并与学科文化相辅相成。因此，通过挖掘专业背后的文化价值，寻找专业与人文的相通相承，从它特有的科学知识体系中，寻找培养专业精神的源头活水，是专业课程文化建设的关键。在劳动光荣、技能宝贵、创造伟大的时代风尚引领下，专业课必须坚持工学结合、知行合一，努力培养产业所需人才，坚持把提高职业技能与培养专业精神高度融合，通过专业所蕴含的哲理思辨、价值追求、职业伦理，培养学生热爱科学，追求真理的求实态度，崇尚正义、服务大众的价值取向，敬业守信、精益求精的职业精神。

（三）教师与文化建设

教师是学校最重要的软实力，是传播文化的重要力量，教师对职业的敬畏，对技能的礼赞，对劳动的尊重，是育人树魂的基础，是其思想、修养、情感、学识、境界的体现，当他们以崇高的使命感和丰厚的专业素养启迪和"滴灌"学生的德智体美劳，教书育人的活力效应会更为明显。从教育自身的规律看，文化传播更强调教育者的责任意识，检验着育人者传道解惑的担当、素养智慧的底气、文道并举的慧心，教师的专业化发展是学院特色形成的重要因素。

围绕双师素质提升和双师教学团队的建设，要求教师主动适应经济社会和产业发展，实现课程内容和教学方法与专业要求的对接，自觉实现专业化发展。就高职公共基础课教师而言，由于历史和政策的原因，自觉运用学科文化为专业服务，提升学生素养的意识越来越淡薄，导致学生人文修养、科学修养和健康素养严重缺失，公共基础课也逐渐沦为边缘化的境地，这是十分危险的教育现状。国际上的一些知名学者早就发出警告，如果忽视或者轻视人文学科，必然导致整个民族精神水平的下降，必然导致整个社会的庸俗化。因此，公共基础课教师的职业化转型意义尤其重要，任务也更加艰巨，这也要求管理者必须从战略的高度重视教师的专业成长，长远规划，增添措施，完善制度，建设一支适应职业教育发展的高素质教师队伍。

三、文化活动传播文化 —— 演绎风采，潜移默化

文化活动是校园文化建设的重要载体和重要组成部分，是全面提升学生综合素质的文化实践。校园文化活动的形式与质量，直接反映着高职校园文化建设品质。突出主旋律，坚持多样化，并以之持续深入地开展，不仅能为学生提供展示青春风采的平台，更能对他们人格的形成产生潜移默化的影响。同时，开展文化活动还要注重常规性与品牌建设的一体化推进，自觉将常规文化活动与典型文化任务有机融合，既集中展示又贯穿始终，以文化的感召力凝聚学生，让多彩的校园文化活动成为他们自觉的文化追求。

四、实习实训体验文化 —— 躬身实践，深入体察

实习实训文化是高等职业院校的重要文化特征，它具有教育行业和企业职场的双重属性，即具有学校文化的育人特色，又具有企业氛围的职场特色，二者相辅相成。通过校内外实训室（基地）所传递的文化信息，实现校园文化与企业文化对接，在专业实训操作、顶岗实习、技能竞赛的亲身实践中，完成对学生技能

及职业操守的岗前培训。

根据人才培养方案，按照标准化、育人化和审美化要求建设实训室文化，不仅要形似，更要神似，要结合专业、职场要求科学布局。例如：建筑工程技术专业按照建材的编年史，学前教育专业基于学前儿童身心健康成长轨迹，旅游管理专业按照地方红色文化资源和特色旅游线路打造的实训室文化，都可以成为校园文化的又一亮点。

（一）标准化

借鉴房地产企业借助样板间营销的做法，按照科学技术发展和合理组织生产的需要，在质量、规格等方面以规范化标准建设专业实训室，在精细上下工夫，不仅确保专业实训的顺利进行，还能通过它培养学生良好的品质，培养学生一丝不苟、精益求精的从业素养。如按照行业企业的标准，凡从事专业技术工作所必需的规则流程、安全警示、6S管理文化——上墙，可培养学生严谨的工作态度。

（二）育人化

实训场地是又一重要育人阵地。通过实训场所的墙板文化，展示行业经典作品，行业技术标兵，学生实习风采，励志标语口号等，让学生在行业规范和身边典型中完成思、学、做的统一。

（三）审美化

实训室建设不仅要体现现代工业文化的力量美和结构美，更要传达专业文化的内在美和意蕴美，使学生形象而直观地了解事物的内在规律、演变过程，并受到美的熏陶。

五、职场创业检验文化 —— 素养养成，行而致远

文化建设成效和学生职业素养最终要通过职场就业和创业来加以检验，学生能否无缝对接职场，更是校园文化建设内涵调整的依据。坚持以学生为中心、以系为单位，建立毕业生跟踪调查制度和毕业生信息跟踪档案，实时了解职场对学生首岗适应能力和多岗迁移能力的要求。通过校友办建立校友信息档案，走访优秀校友和邀请其回校做报告，走访职场失意学生，全方位了解职场对高职生的素养需求。根据第三方评价机构提供的年度分析报告，进一步了解职场用人要求，根据上述反馈，紧跟职场素养新要求，深度开展职业功能分析，不断调整完善校园文化建设方案，形成长效运行的动态调控机制。

第五节　文化与素养

一、关于素养

素养指平日的修养，指理论、知识、艺术、思想等方面的一定水平，也指养成的正确的待人处事态度。

——《现代汉语词典》

从实质看，素养的核心是文化，是经文化浸润的行为表达，是文化洗礼后的修养体现，是对主流思想和文化持有的正确态度，即对主流价值观的坚守和追求，对人生意义的思考与追寻，对优秀文化的传承与弘扬，对自然的尊重和礼敬。它体现为个体对生命的关注和关怀，对他人成绩的由衷欣赏和赞叹，对弱者发自内心的同情和恻隐，更表现为慎独时的自律，不卑不亢的得体，不用他人提醒的规则自觉。它代表着一种人生境界——包容、内敛、优雅，它传递着一种人生情怀——关爱、体恤、温馨。素养使人精神充实而阳光自信，敬畏规则而遵纪守法，感情丰富而与美同行，善于融汇，懂得变通，并用哲学的、历史的、文学的、审美的眼光审视世界，看待社会，认识人生。

二、冰山理论[①]

关于素养的结构，美国最著名的心理大师萨提亚用了一个非常形象的比喻：这就像一座漂浮在水面上的巨大冰山，能够被外界看到的行为表现或应对方式，只是露在水面上很小的一部分，大约只有八分之一露出水面，另外的八分之七藏在水底。

图 1.1 高职学生综合素养冰山结构图

根据冰山理论可知，处于冰山上部的知识和技能，是显性、表象的，是相对易于习得的；通用素养与基本素养则处于处于冰山下部，是隐性、潜在的，对人的职业生涯可持续发展至关重要。这个比喻形象地告诉我们，一个人的知识、技能只是浮在水面的冰山一角，而支撑劳动者走高走远、可持续向前的是集合价值观、从业素质等潜藏于冰面之下的那些内在素养。

---

① http://www.psychspace.com/psych/viewnews-7885。

三、素养的养成

瑞士心理学家荣格说:"文化的最后形态是人格。"遵循循序渐进的原则,通过对文而化之动态过程的研究,结合学生成长成才的教育规律,积极探索文化养成教育的渐进式过程,即以文化人,实现对文化实践的指导。

《周易》上说:"刚柔交错,天文也;文明以止,人文也。观乎天文以察时变,观乎人文以化成天下。"一个"化"字便显出了四两拨千斤的能量。自然界有春风化雨的滋润,人类社会有"人猿相揖别"的漫长进化和渐变中的同化,人类自身有水谷精微的消化和运化,其"化"的过程神奇而玄妙。"化"是一个具有非凡力量和生命张力的动词,而"化成"二字更是将人类文明的演化进行了形象的演绎,从野蛮无序到秩序法治,从颠沛离乱到和谐文明……怎一个"化"字了得!"化"一语中的,将人类精神的进化与文化的持续影响交融,它生动地告诉我们:文化是孕育人类文明的阳光,文化是人类进步的助推器。

"化成"作为一个过程态,也是素养养成的关键阶段。在中华传统文化中,一直都坚持"经世致用"的原则,注重发挥以文化人的教育功能,它包含了浸润的艰辛,渐进的磨砺,反思的痛苦,取舍的智慧,文明的养成与蜕变。它大致可分为"知情行"三个阶段:

(一)文而化之

此"文"指的是人类的一切物质和精神文化。具体而言,指在育人的过程中将适合学生年龄特点、学历层次、认知水平的文化科学知识,通过传播,让学生用良好的文化学习态度去认知、理解、掌握知识要义,这是一个"知"的过程。

(二)化之为文

此"文"指的是经艰辛修炼所获的情感态度和精神价值,是内化的结果,是理想人格的上下求索。它是生命气质的养成,是文化穿越我们内心而形成的举手投足的良好习惯和高尚人格,是以文化人与以德育人的有机融合,这是"情"的过程。

(三)行而致远

指良好的素养以它深邃的影响力伴随个人的成长,这是一个"行"的过程。古人云:"言之无文,行而不远。"素养一定会成为高职学生行走远方的引擎和隐形翅膀,指引他们走远飞高。在未来的人生路上,素养会支撑他们持续向前,不断适应新岗位需求,即便更换人生跑道,或者历经各种人生况味,也能支撑他义无反顾地向着新的目标奔跑,继续闪耀青春和理想的光芒,去寻找人生出彩的机会。

素养[①]

以文化育,氤氲心中。
于无深处,暗香浮动。
恒久地伴我远行,
追寻那斑斓的梦……

---

① 此为笔者2015年1月于学校春晖楼有感而发。

何为素养？一直萦绕心间。一日听老师讲核心职业能力，似有所悟，有感而发。

——笔者

四、高职学生综合素养基本框架

《国家公务员通用能力标准框架（试行）》[①]概括了公务员所需的九种能力：（1）政治鉴别力；（2）依法行政能力；（3）公共服务能力；（4）调查研究能力；（5）学习能力；（6）沟通协调能力；（7）创新能力；（8）应对突发事件能力；（9）心理调适能力。

借助公务员基本能力框架的构建内容，结合《现代职业教育体系建设规划（2014—2020年）》关于加强科学素养、技术思维、实践能力教育的要求，通过实践的探索，基于社会、职业、岗位对人的素养需求，构建高职学生的综合素养基本框架（见表1.1）。

表1.1 高职学生综合素养基本框架表

属性	素养类型	素养指标
社会	基本素养	政治素养、品德素养、法律素养、人文素养、科学素养、健康素养；
职业	通用素养	自主学习能力、信息处理能力、数字应用能力、人际沟通能力、团队协作能力、环境适应能力、问题解决能力、创造创新能力；
岗位	特定岗位素养	基于完成特定职业岗位之典型工作任务所需要的素养，它具有行业规范性、专业独特性与任务的规定性等特点

---

① 人力资源与社会保障部：《国家公务员通用能力标准框架（试行）》，国人部发【2003】48号，2003年11月18日。

（一）基本素养

指现代人立足社会、服务大众、愉快工作、健康生活以及幸福人生所应具备的基本能力，包含政治素养、品德素养、法律素养、人文素养、科学素养和健康素养。

1. 政治素养

指拥有坚定的信念，拥有符合国家主流价值观的人生观、世界观，它包含作为一个社会人必备的公民意识和社会担当，尤其是面对意识形态的多元化，有自己的独立思考和判断，能经受考验，心中始终拥有一道明晰而不可逾越的红线，努力做一个政治上的明白人。

2. 品德素养

指能自觉遵循共同的生活和行为准则，注重自律，也指通过舆论与反思，不断地修正自己的行为，在是与非的甄别中，始终保持头脑的清醒与自知，明辨是非，从善如流。

政治素养和品德素养重在培养学生的思维品质，形成有高度、有视野的人生态度。其思维品质具有如下特点：

- 深刻性——能透过现象看本质，判断事物发生的态势；具体问题具体分析，不一叶障目；能见微知著，即所谓"乱花渐欲迷人眼，浅草才能没马蹄"。

- 敏捷性——能迅速判断是与非、美与丑、真与假，并做出正确的取和舍，不机械，不泥古，即所谓"竹外桃花三两枝，春江水暖鸭先知"。

- 批判性——注重反思，以理性的批判眼光减少盲目、偶然和片面，在否定之否定中形成正确的取向，即所谓"千淘万漉虽辛苦，吹尽黄沙始到金"。

● 多层统一性 —— 通过去粗取精，去伪存真，由表及里，分析事物的多形态、多层面，找到事物发展的规律，即所谓"横看成岭侧成峰，远近高低各不同"。

3. 法律素养

指一个人认识和运用法律的能力，它包括法律知识、法律意识或法律观念、法律信仰。在建设有中国特色的法治社会和市场经济时代，学习法律基本知识是树立良好的法律意识和法律信仰的前提和基础，培养法律意识是驱动公民积极守法的认同和自觉，树立法律信仰是法律意识的最高层次。

世界上唯有两样东西，能让我们内心受到深深的震撼，一是我们头顶上灿烂的星空，一是我们内心崇高的法则。

—— 康德

4. 人文素养

它是一个社会的价值导向，是启迪心灵的智慧，古人云"兴于诗，立于礼，成于乐"，讲的就是人文精神对民族精神塑造的重要性。因此，加强人文学科的学习，有助于培养学生的文化品格，如：坚守信念，矢志不渝；视野开阔，善于思辨；以人为本，珍惜生命；热爱生活，富有情趣；敬畏自然，注重环保；思考人生意义，并追求理想人格的养成。

文化素质是孕育一个民族公平正义的母体，又像空气一样存在于我们的寻常生活里。它是一种被植根、积淀于人内心的法则、秩序，一种设身处地为别人着想的良知，一种无需他人提醒的自觉，一种承认约束的自由。

——梁晓声

5. 科学素养

国际上普遍将科学素养概括为三个层次：对科学知识达到基本了解的程度，对科学研究的过程和方法达到基本了解的程度，对科学技术给社会和个人产生的影响达到基本了解的程度。①

高职院校通过科普讲座、科技活动、专业技术技能培训、现代网络媒体宣传等形式，结合专业课程教学，不断提高学生的科学素养，是现代职业教育的重要职责。

尽管中国古代对人类科技发展作出了很多重要贡献，但为什么科学和工业革命没有在近代的中国发生？②

——李约瑟

6. 健康素养

世界卫生组织曾给健康素养下了一个定义：健康素养代表人的认知和社会技能，这些技能决定了个体具有动机和能力去获取、理解和利用与健康相关的信息，并通过这些途径能够改进和维护健康。

将健康素养教育作为一种文化现象上升到文化层面，其意义

---

① 重庆市科学技术协会组编：《科学素养读本》（八年级），重庆出版社，2007年版。
② 此句出自英国著名学者李约瑟编著的《中国科学技术史》，此句的所问被美国经济学家肯尼思·博尔丁称为李约瑟难题。

在于，让高职学生懂得公民健康是国家繁荣、民族昌盛、人民幸福的根本保障，是实现中国梦的重要基石。通过生命健康教育，培养学生重视身体健康、关注心灵健康的意识。关注身心健康，养成健康生活方式，学会科学管理身心，掌握必要的保健技能，提高健康运动水平，是高职学院不可或缺的重要教育内容，是学生职业生涯可持续发展的基本前提。

关于 1 与 0 的辩证关系[①]

有人生动地用数字比喻健康与生命各项要素的关系，健康是 1，事业、财富、婚姻、名利等都是后面的 0。拥有健康就有希望，就拥有未来，反之，失去健康，就失去了一切

（二）通用素养

职业通用素养是指作为职业人在从事职业活动过程中，所应具备的与职业能力相关的素养。它是一种非专业的素养，但又为职业岗位所需，具有很强的跨职业性或跨行业性，是支持个体成长发展的重要能力。我们认为，高职学生所应具备的职业通用素养主要包括自主学习能力、信息处理能力、数字应用能力、人际沟通能力、团队协作能力、环境适应能力、问题解决能力、创造创新能力在内的八种能力。

1. 自主学习能力

以个体作为学习的主体，通过阅读、听讲、研究、观察、实践等，逐步提升知识与技能，情感与价值的行为方式，这是与传

[①] http://shanghai.kankanews.com/shgov/2013-10-20/3004618.shtm。

统的被动学习相对应的一种现代化学习方式。托夫勒在《第三次浪潮》一书中强调,未来的文盲不是不识字的人,而是没有学会怎样学习的人。

2. 信息处理能力

指获取、理解、筛选、利用信息的能力,以及利用信息技术的能力和信息安全能力,这是信息化社会重要的应用能力之一。

3. 数字应用能力

指通过对数字的采集与解读,计算及分析,在计算结果的基础上发现问题、做出评价,并对相关工作提供有价值的信息、方法、理论的能力。

4. 人际沟通能力

指人们在日常的学习、工作和生活中,人与人之间进行的交流、理解、分享的能力。它不仅考验个体语言表达能力,更体现为自身的知识、素养和品德。

5. 团队协作能力

指建立在集体的基础之上,通过发挥集体精神,众志成城,实现最大工作效率的能力。其核心是团队精神,它包括个体间的相互支持、包容、尊重、欣赏、信任等。

6. 环境适应能力

指人在特定的时空中对环境(主要指人文社会环境)的融入的能力。对现代人而言,一岗定终身的情况已渐行渐远,多岗锻炼则成为职业生涯的常态,自觉调整心理适应力,迅速适应岗位环境，有助于事业的推进。

7. 问题解决能力

指以问题为导向，在发现问题中找原因，在分析问题中求方法，在解决问题中求突破，最终实现任务完成的能力。善于解决问题是一个人综合素质的集中体现。

8. 创造创新能力

指在技术和各种实践活动领域中想出新方法，建立新理论，提出新思想，搞出新发明，并产生经济价值、社会价值、生态价值。创新能力是民族进步的灵魂，也是大众创业、万众创新的时代要求。

（三）特定岗位素养

每个行业都有各自通行的准则，而每个岗位都有不同的职业标准。这些独特的专业标准、规范的职业道德和特有的职业禀赋需求，会使相应的职业群体打上深深的烙印。

特定岗位素养是指基于完成特定职业岗位之典型工作任务所需要的素养，它具有行业规范性、专业独特性与任务的规定性等特点。不同职业岗位，对职业素养的具体要求各有不同。例如：旅游管理专业应具备热情诚恳的服务意识，尊重自然的环保意识，精准统筹的时间意识，遵守合同的诚信意识，灵活务实的应变意识；建筑工程技术专业应具备安全规则意识，质量品牌意识，生态环保意识，诚信法治意识，艺术审美意识；学前教育专业应具备师德为先的爱心，幼儿为本的责任心，纯真的童心，缜密的细心，持久的耐心等。

第六节 地方高职网络文化建设概谈

一、什么是高校网络文化

根据中国互联网络信息中心（CNNIC）的统计显示，截至2015年6月30日，我国网民规模达6.68亿，互联网普及率为48.8%。在这庞大的网民群体中，以10～39岁年龄段为主要群体，比例达到78.4%；其中，20～29岁年龄段网民的比例高达31.4%。举目校园，几乎已经没有不接触、不使用网络的角落了；可以说，我们已经进入了一个信息时代、网络时代。我们的校园，正在发生着方方面面的变化，而其中，最引人注目也最有影响力的正是网络。

网络本是一种信息技术，但它一经渗入经济和社会生活，其价值就不仅仅限于技术层面，而是具有更深层次的文化意义，特别是在高校校园里，文化的发展与建设本身就是一项重要的活动和任务。文化的发展与建设离不开传播媒介的影响。作为信息时代的主要传播媒介，网络在高校校园文化的影响与建设中的地位和作用日益突出，尤其是对高校师生的价值观念、学习方式、行为方式的影响最为深刻。毫不夸张地说，"数字化生存"已日益成为大学校园的主流教育和生活方式。与此相对应，作为折射大学生精神世界的校园文化，其形式和内容自然会发生某种"变异"，这种"变异"，就是具有鲜明的网络特征，也即网络文化。从这个意义上说，高校网络文化的产生、发展是必然的，同时也是积极的，它是传统校园文化在新媒体领域的延伸，是校园文化的多样化展现。

具体讲，高校网络文化是指高校校园与互联网紧密联系的一种文化形态，可以分为网络物质文化、网络制度（行为）文化和网络精神文化三个要素。网络物质文化是指以计算机、网络、安防体系、网络界面环境等物质基础的建设；网络制度（行为）文化包括与网络有关的各种规章制度、组织机构、管理方式，以及通过行为准则、行为引导等重点培养师生利用校园网络获取信息，进行信息交流等行为习惯和行为方式；网络精神文化主要包括网络内容及其影响下的师生员工的价值取向、思维方式等。

二、网络文化的特征

网络技术使教育发生根本变革，日益成为大学生获取知识和各种信息的重要手段。与传统校园文化相比，网络文化具有以下特点：

（一）丰富性

网络出现以来，人类可以了解或者获取的知识和资料成几何倍数增加。大量网上信息为人们学习、研究提供了丰富的资源，开拓了人们的眼界，也丰富了人们的生活。同时，这种丰富性不仅体现在内容上，也体现在表现方式上。网络集聚了其他媒介特征，可同时呈现文字、图片、声音和影像。

（二）开放性

在网络世界中，传统意义上的"疆域"正在消弭，"地球村"正在向我们走来，我们可以与世界同步了解校园内外任何一个角落发生的事情；在网络世界中，传统意义上的"约束"也在消弭，任何观点、任何思想、任何民族的文化价值观都可因创建者个体的意愿在网上输出和传播。这种极大的宽容与自由，形成了网络文化形式与内容的开放性特征。

（三）交互性

在互联网出现以前，媒体的传播交流方式基本上都是单向的，网络改变了这一切。在网络中，每一个网民不仅是信息资源的消费者，同时也是信息资源的生产者和提供者。人们获取信息的方式由传统的被动式接受，变为主动参与、主动传播、主动交流，提高了信息的传播效果。

（四）个性化

文化主体个性化的特征，在网络文化中发挥得淋漓尽致。由于网络的虚拟性和匿名性，一定程度上为网民充分展现自己的个性提供了广阔的舞台。这也从一个侧面可以解释为什么现在微博、微信等社交媒体是如此红火。网络上没有既定的价值标准，与现实生活相比，人们在网络上更加容易接纳一些与众不同的观点和态度。

（五）不可控性

上述网络文化的特性，为其不可控性提供了最好的注解。传统媒体运营中，信息在发布前都要经过一定程序的审核，即所谓"把关人"进行把关。但在网络世界中，大多数情况下是没有这个环节的，信息的发布和传播是"未过滤的"，是"即时的"。所以，也就不难理解"网络谣言""网络暴力"等事件层出不穷。

三、地方高职院校网络文化建设的有效途径

地方高职院校网络文化建设既要遵循高校网络文化建设的一般规律，又要突出其个性特征，只有这样，才能推动校园网络文化持续、健康、快速地发展。

（一）高校网络文化建设的一般规律

1. 改善校园网络物质文化建设

保障校园网络文化建设资金的投入，加快数字化校园建设步伐。主要包括校园网络实体建设和信息管理系统的开发，主要目标是实现教学、科研、办公和管理的自动化。需要指出的是，在硬件改造的同时，安全防护建设也必须同步进行，以确保校园网络文化稳定运行和信息安全。应打造一批寓教于乐的精品网站和栏目，激发师生兴趣，提高师生对校园网络的关注度。

2. 强化校园网络制度（行为）文化建设

认真贯彻和落实国家、省市颁布的校园网络文化有关指导文

件或指示精神，进一步建立健全校园网络文化制度和网络管理制度。要注重将这些制度"数字化"，使师生能通过网络了解网络相关知识，提高师生对校园网络文化各项管理制度的认知。通过讲座、微博、微信公共平台、广播、宣传栏等形式，大力宣传校园网络法律法规，增强师生的法制意识、责任意识和安全意识。通过网络素养教育，引导师生正确对待、使用网络信息；同时还要注重通过丰富多彩的校园文化活动引导师生树立积极、健康、广泛的兴趣爱好，防止网络沉迷等不良现象的发生。

3. 注重校园网络精神文化建设

校园网络是思想政治教育和文化宣传的主渠道和有力阵地，要深思主动占领网上舆论阵地之策。首先，要加强社会主义核心价值观教育，利用主流文化作引领，稳固校园网络文化阵地。其次，要把校园网建设成为吸引力大、影响力强的德育网站和时政新闻宣传平台，使其发挥开展网上思想政治教育的功能。再次，要注重利用网络丰富性、开放性和交互性等特点，创新思想政治教育方式，提高教育效果。

（二）地方高职院校网络文化建设的个性特征

地方高职院校网络文化建设与地方高职院校特性密不可分。与其他举办本科教学的高校相比，地方高职院校具备两个最明显的特征，一是地方性，二是职业性。这也就决定了地方高职院校在网络文化建设的过程中，必须紧紧围绕地方性和职业性特征，展现个性魅力，提高建设成效。

1. 地方性特征的凸显

地方高职院校网络文化建设的地方性，主要通过两个途径来强化和凸显。一是要在网络文化建设过程中，加强地域文化的传播与教育，提高师生对学校所在地的文化认同。以学院为例，在川东文化建设过程中，就可以利用网络，通过多种方式，开展丰富多彩的传播与教育活动，与线下各种川东文化教育宣传活动相配合，提高师生的认知度。二是要在网络文化建设过程中，加强对学校精神层面的教育，提高师生对所在学校的文化认同和价值认同。要注重凝练学校个性特色，利用校园网络对校训、学校精神、办学理念、教风、学风、发展目标等进行折射和延展，用来激励、感召、启发、诱导师生，进一步深化校园网络文化精神。

2. 职业性特征的凸显

高职院校具有与其他举办本科教学的高校不同的、强烈的"职业性"特征，在校园网络文化建设的过程中，这一特征只能强化，不能边缘化。高职教育"以服务为宗旨、以就业为导向，走产学研相结合的发展道路"的指导思想和"工学结合、校企合作、顶岗实习"的人才培养模式明确告诉我们，要培养高素质技术技能型人才，就必须培育有鲜明高职特色的学校文化。这个"高职特色"就是"职业性"。高职院校校园网络文化的"职业性"特征就是基于校企合作、产教融合的高校校园网络文化。在高校校园网络文化的基本氛围中，产业文化进校园，企业文化进课堂，手脑并用，教学做合一，崇尚社会实践、企业实践，开门办学，注重应用，构成了地方高职院校独特的网络文化品格。

地方高职院校网络文化建设要植根于自身办学的显著特征，在地方性、职业性兼具应用性上下工夫，只有这样，才能形成具有鲜明特色的大学文化。

第七节 教育国际化背景下的高职校园文化建设

经济全球化潮流催生了政治、文化的全球化，也使教育国际化成为不以人们意志为转移的客观趋势。随着我国全面深入地融入国际社会，国际化已成为高等职业教育的重要发展趋势之一而备受关注。高等职业教育作为我国高等教育体系的有机组成部分，其为经济社会发展培养高素质技术技能型人才的功能已获社会的广泛认同，而在国际化背景下，培养具有国际意识、国际交往能力、国际竞争力的高职人才，是高职教育国际化的核心所在。高职校园文化作为"高素质"国际化高职人才培养的育人载体，必须主动适应经济全球化发展需要，积极应对新挑战，拓宽高职人才的国际视野，提升其国际能力。

一、高等职业教育国际化的内涵

在世界经济全球化的推动下，在国际教育贸易市场开放的前提下，各国在人才培养目标的确定、教育内容的选择以及教育手段和方法的采用等方面，不仅要满足来自本国、本土化的要求，而且要适应国际产业分工、贸易互补等经济文化交流与合作的新形势，这必然会引发教育资源在国际上进行配置，教育要素在国际上加速流动，教育国际交流与合作日益频繁。教育国际化的核心或者本质，就是在经济全球化、贸易自由化的大背景下，各国通过跨文化的教育交流与合作，培养出在国际上有竞争力的高素质人才。

高等职业教育办学模式要求开放式办学，这不仅要求高职学校向国内企业、社会开放，还要求其积极推动高职教育向国际社会开放，统筹整合国内国际两种资源，促进高职教育不断国际化，从而更好地面向世界。我们所说的高职教育"双平台"培养人才，就是采取"校企合作""国际合作"两种模式培养人才。高职教育国际化是指国内高职教育与国际教育机构、国际企业之间的交流与合作，培养具有国际发展意识、国际交往能力和国际竞争力的高素质劳动者和高技能人才的过程。[①]高职教育国际化，要求各种高职教育要素在各国间自由流动以达到资源共享的目的，主要包含高职教育理论、办学理念、人才培养模式等的学习和借鉴，课程设置和课程资源开发的交流与合作，合作办学，高职教育相关人员往来（主要指教师和学生）以及合作研发。

二、高职校园文化国际化建设的必然性

在高职教育国际化背景下，高职校园文化的国际化建设势在必行。

第一，经济全球化发展趋势要求高职人才具有国际化视野。在经济全球化时代和知识经济主导的当下，国际竞争的核心是国

[①] 刘正良：《高职教育国际化的结构适应性与对策思考》，《职业技术教育》，2008年第28期。

际化人才。当前我国经济进入转型关键期,十八届五中全会提出的五大发展理念中的创新发展和开放发展,都对国际化人才提出了更新更高的要求。为此,《国务院关于加快发展现代职业教育的决定》(国发〔2014〕19号)和《教育部关于深化职业教育教学改革 全面提高人才培养质量的若干意见》(教职成〔2015〕6号)提出了"国际合作、开放创新"和"国际交流与合作"的原则和任务,高职教育自身发展需要拓展国际化发展道路,同时,高职教育必须为国家经济国际化发展培养国际化的技术技能人才。在我国产业结构调整升级战略中,高职人才攸关我国经济发展能否突破瓶颈走向可持续发展的大计,其国际视野和国际竞争能力更决定我国在未来国际产业结构中的座次。这就要求高职院校转变观念,创新思路,将国际化教育融入人才培养全过程。

第二,高等教育国际化改革要求高职教育培养国际化高职人才。《国家中长期教育改革和发展规划纲要(2010—2020年)》指出,教育要适应国家经济社会对外开放的要求,培养大批具有国际视野、通晓国际规则、能够参与国际事务和国际竞争的国际化人才。高职教育已占据我国高等教育的半壁江山,高职学生也超过高校学生的半数,他们的国际化程度直接决定我国高等教育国际化改革的成败。

第三,国际化人才的培养需要国际化校园文化氛围。高职院校历经规模扩张的求生存阶段和内涵建设的求发展阶段之后,必然要走向凤凰涅槃式的蜕变,即高职教育的最高境界——文化发展阶段。因此,培养国际化的高职人才,就要发挥校园文化强大的育人、导向、凝聚和整合功能。高职教育的办学理念、人才培养模式、课程体系、教学内容和方法、科研、社会服务等，无不包容于校园文化之中。营造国际化的校园物质环境，制定国际化的制度行为文化体系，凝练国际化精神文化内核，是培养国际化高职人才的必要条件。

三、高职校园文化国际化建设的思路

国际化的高职人才需要具备国际素养，即国际知识、国际意识、国际能力和国际情怀。这需要高职院校以国际化理念进行科学合理的文化建设顶层设计，并采取综合性的措施加以实现。

第一，立足传统文化和本土文化。国际化人才只有在了解本国传统文化和特定的本土文化的基础上，才能真正理解国际化的文化真谛，从而在爱国主义基础上树立世界观念和国际主义情怀，否则，国际化也就失去了根脉而毫无意义。高职校园文化需要打上深深的传统文化和地域文化的印记。

第二，挖掘高职院校的国际化文化元素。国际化已成为高职院校发展的重要战略，国际化文化元素的有效利用是塑造高职院校文化自觉和文化自信的一种明智选择。高职院校应该深度挖掘自身的国际化文化元素和国际化文化渊源，并将其融入校园文化建设之中，以增添校园文化的国际化色彩。

第三，搭建跨文化交流平台。通过开展国际文化节，模拟联合国大会，每周一国讲座，师生交换和互访以及海外学习项目等文化活动，可促进学生对异国文化的认识。增加与外国学生互动交流的机会，可增进学生对他国历史文化、政治经济、风俗习惯

等的了解，拓宽学生分析世界形势和国际问题的视野。

第四，将国际化文化元素融入校园文化的物质文化、制度文化和精神文化维度中。在物质文化建设中，可打造具有国际化文化背景和元素的校园景点，给校园环境增添国际化氛围；在制度文化建设中，可将国际化合作办学作为高职发展的战略加以考虑和实施；在精神文化建设中，可融入国际化元素，在学院顶层设计里凝练国际化的精神文化内核。

第五，构建国际化教育课程体系。国际化教育的全面持久实施，需要系统的课程体系来支撑。国际化教育课程，需要高职生具备基本的国际常识（尤其是通晓国际规则和惯例）、宽广的国际视野、务实的国际参与能力和高远的国际情怀。开发国际化教育的内容，将其融入公共基础课、专业课和实习实训中，这是费时费力的系统工程，需要学校整体的设计和各方的联动协同完成。对于高职教育来讲，引进和借鉴知名企业国际化运作经验，找准国际化合作对象，与知名、跨国公司合作提升产学合作层次，为国际合作提供项目支持和发展途径，在人才培养标准上力求同时满足跨国公司在招聘本地技能人才的期望，把跨国界的、跨文化的全球性观念和技能融合教学、科研以及服务等各项功能中，是尤为重要的。

第六，将国际化文化建设纳入高职校园文化建设的标准体系。高职校园文化建设的标准体系是整个校园文化建设的具体实施细则，有必要在其中开发国际化文化建设的具体内容与考核指标体系，以引导规范学生参与国际化文化活动和课程，也可以将此作为高职生学分累积的重要内容。

小平故里
XIAOPING GULI
SHANGAO SHUICHANG
山高水长

邓小平故居

华蓥山石林

岳池翠湖

武胜宝箴塞

邻水天意谷

回眸既往
HUIMOU JIWANG
BAINIAN CANGSANG
百年沧桑

校园 美景 XIAOYUAN MEIJING

思源揽胜

小平丰碑

水润人和

校园美景 XIAOYUAN MEIJING

滨江景苑

匠星闪耀

校园美景 XIAOYUAN MEIJING

毓秀中正

银杏葳蕤

杏坛在望

巾帼双骄

红色文化 HONGSE WENHUA

技能文化 JINENG WENHUA

技能文化
JINENG WENHUA

民族文化 MINZU WENHUA

民族 MINZU
文化 WENHUA

传统文化
CHUANTONG WENHUA

颁奖典礼

全国道德模范
曹于亚爱心工作室
CAO YUYA AIXIN GONGZUOSHI

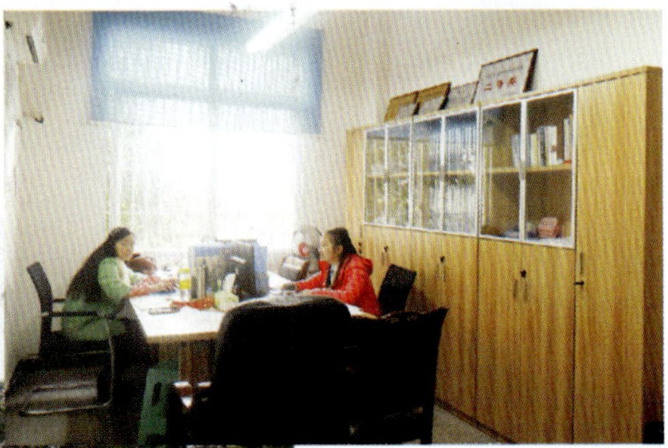

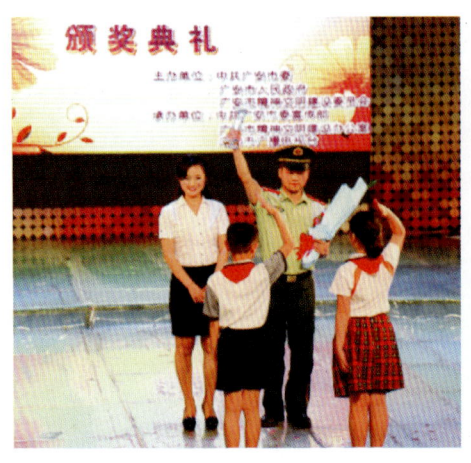

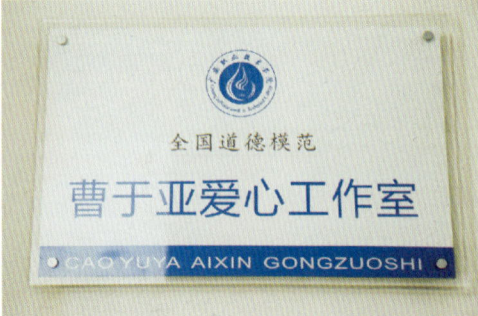

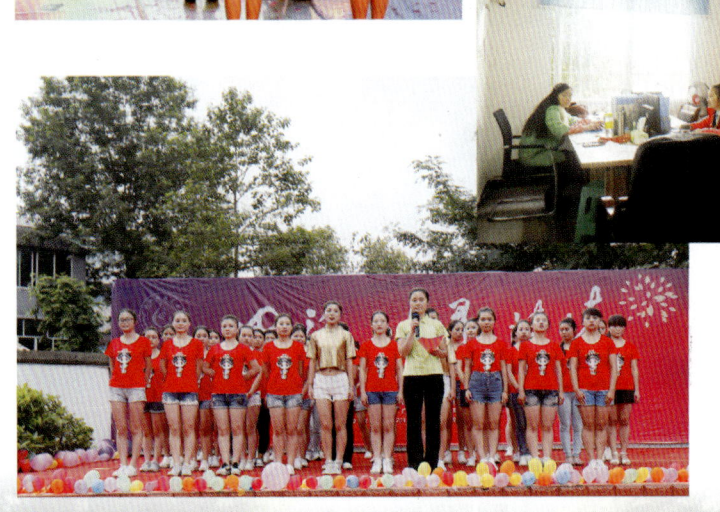

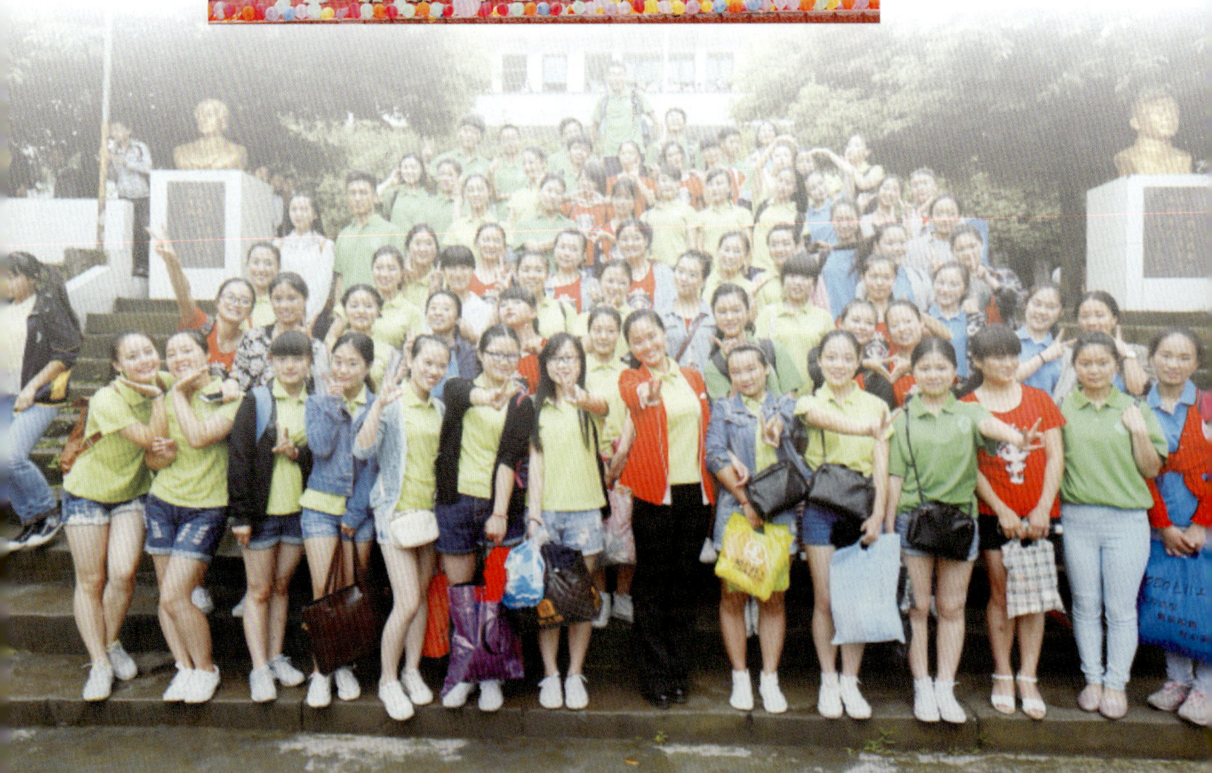

第一章

高职校园文化建设实务

——广安职院追寻的文化之旅

广安职业技术学院

图 2.1　邓垦亲笔为学院题写院名

癸巳仲春，小平胞弟，百岁邓垦，欣然命笔，题写院名。感先生情牵桑梓，心系教育，特立此牌，以之懿德，以启后昆。

图 2.2　广安职业技术学院校徽

广职谣[①]

渠水滨　白塔旁　绿树正苍苍
吾学府　沐恩泽　在水的一方

宕渠风　灵秀地　滋养我茁壮
承故庠　创新业　盛世又同襄

大学道　在明德　不息当自强
培桃李　育栋梁　满园溢馨香

学思行　德技修　芬芳我梦想
负使命　勇担当　我心任飞翔

晓风吹　日月朗　渠江水又长
文化育　行无疆　思源永勿忘

2014年，是小平诞辰110周年，也是广安职院建院10周年，在小平惠泽的沐浴下，学院正意气风发，阔步向前。

---

① 《广职谣》为笔者2014年4月于渠江之畔即兴创作。

第一节　地方高职类型化与本土化的有机融合

一、广安及广安职院简介

广安是中国改革开放和现代化建设总设计师邓小平的故乡，全市辖区面积 6 344 平方千米，呈扇形分布于川东丘陵与平行峡谷两大地形之间，是川渝经济区的重要组成部分，有"川东门户"之称。有诗云：斯郡物华蕴天宝，此处地灵生人杰。广安拥有全国文明城市、中国优秀旅游城市、国家双拥模范城市、国家园林城市、国家森林城市、国家卫生城市、全国社会治安综合治理优秀城市等桂冠。拥有国家确定的川渝合作示范区和承接产业转移示范区、国家级现代农业示范区、国家实施商标战略示范市等城市名片，荣膺"中国 EMBA 最具投资价值城市"称号。地阔为广，和谐为安，具有悠久历史文化的广安，物埠民安，钟灵毓秀，三国有蜀将王平，西晋有《三国志》作者陈寿，宋有鲁国公安丙，明有户部尚书王德完，清有名将李准；近代有伟人邓小平，四川保路运动领袖蒲殿俊，黄花岗七十二烈士之一秦炳，数学泰斗何鲁，《红岩》作者杨益言，《红旗》杂志原总编熊复，著名表演艺术家吴雪等。国家 5A 级景区邓小平故里，被纳入全国首批 12 个"重点红色旅游区"和 30 条"红色旅游精品路线"，已成为四川红色旅游的龙头和全国红色旅游的重要目的地。

广安职院是广安唯一的普通高校，是一所有着光荣革命传统和人文积淀的高职院校。2004年,在小平诞辰一百周年前夕,经四川省人民政府批准成立,其前身是创办于1906年的岳秀女学,办学历史悠久,文化底蕴深厚。建院十年来,人们在她身上见证了一次又一次的奇迹。2009年,学院顺利通过教育部人才培养工作评估。2011年,四川省教育厅、广安市人民政府签订协议共建学院;同年,国家教育部、四川省人民政府签订协议共建"广安市教育改革发展试验区"(支持学院发展是共建协议的重要内容),学院成为四川省唯一的"部、省、市共建"高职院校。2013年4月,学院与广安广播电视大学整体联合。2013年6月,学院成功进入省级示范性高职院校建设单位行列。2013年12月,以学院为基础申办的广安技师学院顺利通过评审并挂牌。自此,学院形成了以高等职业教育为主体,融合继续教育和技师培养的"一体两翼"发展格局。

二、文化的类型化和本土化

所谓类型是指具有共同特征的事物所形成的种类。高职教育作为区别于普通本科的高等教育类型,所担负的培养多样化人才、传承技术技能、促进就业创业的重要职责,决定了它在办学方针、育人理念、人才培养模式、课程体系、双师团队建设等方面,必须适应经济发展新常态和技术技能人才成才需要,坚持以弘扬民族优秀文化和现代工业文明为己任,生动践行产业文化进教育、企业文化进校园、职业文化进课堂的教育要求,其文化形态具有集成性、包容性、实用性等特点,呈现出与普通本科教育不一样的类型特征。

如果说类型化是高职校园文化的共性,那么本土化则是地方高职文化建设的个性,二者兼具的高职文化形成了地方文化的一道亮丽风景。特别是地方文化对它的哺育,更使它具有了厚重的乡音乡情。本乡本土,民风淳厚,它滋养的文化独特而美好,它培育的杰出人才及其非凡成就更是文化传承的重要资源。金色广安,人杰地灵;小平同志,一代伟人,享誉中外,彪炳史册。对他的教育思想,特别是对他的职业教育思想的研究,是广安职院的使命。目前,学院已完成了小平教育思想研究"三部曲"。小平同志提出的"教育与生产劳动结合的内容上、方法上不断有新的发展"的思想,正指导着学院的发展实践,并在人才培养的全过程得以遵循。

同时,广安独特的区位优势和产业布局,为职业教育提供了良好的发展空间。围绕保护自然资源和历史文化资源,制定和实施的广安双百组团城市规划,通过打造西部经济高地,将金融服务业、能源化工业、生物工程、机械工业、食品工业、制药工业、加工工业、旅游观光业、商贸服务业作为支柱产业,所形成的多点多极的发展战略,为学院落实产教融合,校园文化与企业文化有效对接,实现特色发展奠定了良好基础。

第二节　地方高职校园文化建设的基本框架

地方高职院校是地方文化建设的生力军，它的文化引领和生动实践形成了地方文化的高地。广安职院坚持立德树人，培育和践行社会主义核心价值观，关注学生德智体美全面发展和职业生涯可持续发展需要，按照立足小平故里、服务小平故里、贡献小平故里的定位，围绕找准方向坚守、找对方法坚持，勇于实践，大胆探索，形成了"理念、思路、模式、方法"于一体的校园文化建设基本框架。

一、理念先行

随着现代职业教育体系的构建，改革与发展仍是高职教育的两大关键任务，经过十余年的快速发展，地方高职教育迎来了由规模扩张向内涵建设转变的新的发展时期。面对新挑战，如何乘势而上，成了地方高职面临的又一重大课题。广安职院面对新机遇、新挑战，从完善顶层设计入手，围绕文化建设的使命、任务、目标，集全院之智，自上而下，自下而上，凝练了学院校训、学院精神、办学理念、学院定位等，明确了新的发展方向，确立了"文化为学生可持续职业发展奠基"的理念，为学院文化发展建设设计了新的路线图。这些都体现了与时俱进的发展眼光，高瞻远瞩的目标定位，创新务实的求真态度。

二、思路清晰

有了理念，在怎么干上还要有清晰的思路，为此必须牢牢抓住世界观与方法论两个关键点。在文化实践的破与立中，广安职院坚持品牌发展，整体推进，探索并形成了"以文化人，文而化之，行而致远"的校园文化建设思路。这个思路不仅契合了"思源　追寻　致远"的校训，也成为基于典型任务完成的行动导向。

三、模式构建

十七届六中全会以来，各高职院校在规模扩张、加快硬件建设的同时，纷纷将文化建设纳入学院重点工作，进行了制度安排。由于地方高职院校发展相对滞后，校园文化建设思路模糊，没有贯穿的红线，表现为零散的、随意的文化活动组织安排。总体看，各校之间存在文化建设发展不平衡、不可持续的现状。为此，有必要探索规范、系统、运行有效的高职校园文化建设基本模式，形成机制性经验。

广安职院秉承"文化为学生可持续职业发展奠基"的文化建设理念，自觉把培育和践行社会主义核心价值融入教育教学全过程，遵循精神文化、制度文化、物质文化的内在联系，以红色文化、职教文化、民族文化、传统文化、川东文化为主要内涵，积极探索精神、制度行为、物质三位一体的文化发展之路，形成了"一核三维五元"的校园文化建设模式。

"一核三维五元"模式如下：

一核 —— 社会主义核心价值；

三维 —— 精神文化，制度文化，物质文化；

五元 —— 红色文化，职教文化，民族文化，传统文化，川东文化。

四、方法科学

方法是解决思想、说话、行动等问题的门路和程序，它在操作层面上有其独特的技巧。李瑞环同志曾说："一个好方法，一个对路的实招，可以下活一盘棋，可以开辟一条道，可以影响一大片。"因此，不论是战略上的全局与远虑，还是战术上的机巧与灵活，科学的方法，才是任务完成的技术保障。

（一）建立交集导向

围绕校园建设目标，通过交集导向，建立一个融政行企校文化于一体的文化共同体，主动寻找政府所倡导、企业所思考、学生所需求的节点，认真研判校园文化建设与区域发展、政府需求的交集，校园文化内部建设各维度的交集，即文化建设与专业建设、课程建设的交集，文化建设与学生文化需求的交集，主动作为，构建互利共荣的集团文化，为区域经济、文化发展献计出力。

（二）找准科学依据

理论是行动的先导。校园文化建设是一项系统而艰巨的工程，其科学理论决定着内涵建设品质和育人质量。因此学习和借鉴企业品牌建设之CI理论可以使校园文化建设定位合理，规划科学，建设有序。

CI 理论简介[①]

CI理论即企业形象识别，它产生于第二次世界大战时期，是最经典的管理理论。指通过一系列的形象设计，将企业的经营理念、行为规范、可感的外在形象传达给社会公众，并被公众认同的一种系统战略。它具有统一性，易识别性和标准性，包括统一、识别、个性、特征、企业标志、标准色、标准字等关键词。CI理论的内涵指MI（理念识别）、BI（行为识别）、VI（视觉识别）。

理念识别（MI）：是企业的指导思想和员工的行为准则。指企业精神、座右铭、价值理念等，它是CI的灵魂。

行为识别（BI）：使企业理念具体化的措施和行为方式，是通过具体的行动来塑造企业的形象。它是基于任务完成的行动过程。

视觉识别（VI）：以视觉符号将企业精神、价值观念传达，获得消费者的识别和认知。其基本要素包括名称、品牌、标志、标准色、标准字、象征图案、宣传口号、标语。其应用要素包括事务用品、办公设备、室内装饰、建筑外观、交通工具等。

（三）绘制文化树图

围绕"一核三维五元"的文化建设模式，我们以树形图形象地描绘方向、维度、内涵三者的关系。在此图中，树干是核心，

---

① 孙在国：《商战与名牌》，西南财经大学出版社，2000年版。

是社会主义价值观的基本要求,它气脉中贯;遒劲的树干是滋养文化茁壮成长的营养剂;昂扬生发的三叶树状,分别代表精神、制度行为、物质三维文化;枝繁叶茂的树叶,则象征广安职院红色文化、职教文化、民族文化、传统文化、川东文化通过核心价值观的浸润,在三个维度上的蓬勃生长,花开烂漫。

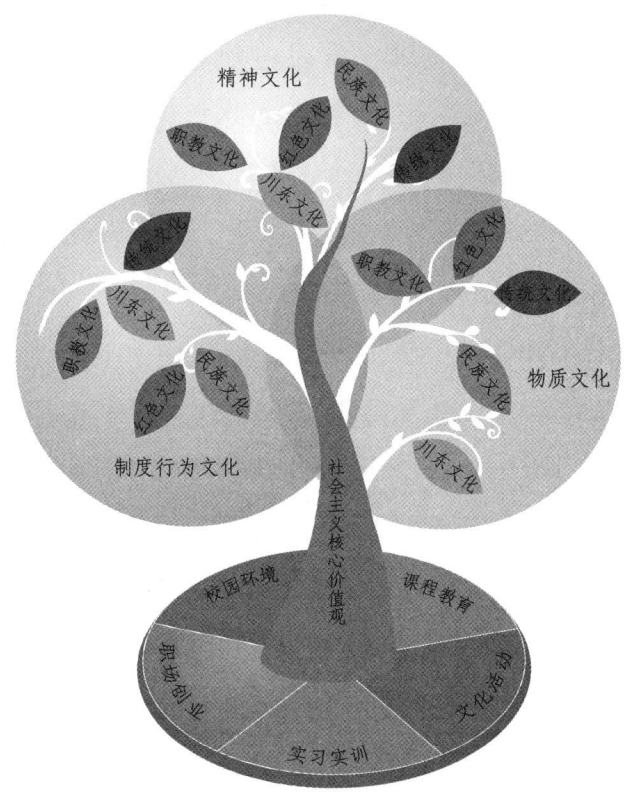

图2.3 "一核三维五元"的建设模式关系图

(四)绘制文化主轴图

主轴图是校园文化建设集理念、思路、模式、方法于一体的全景展示,它确保了校园文化活动开展的有序推进。

第二章 高职校园文化建设实务 73

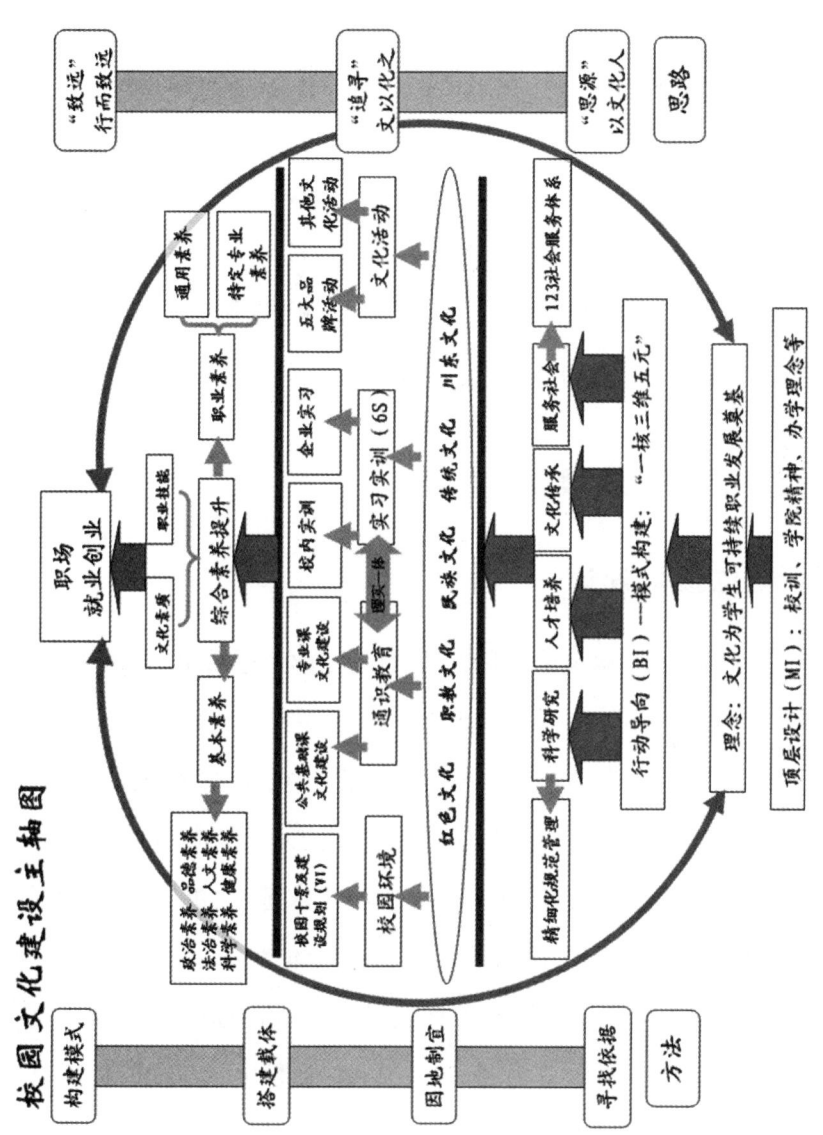

图 2.4 校园文化建设思路主轴图

第三节 校园文化建设实务

文化建设是一个系统工程，包含宏观与微观，时间与空间，静态与动态等，必须从全局与整体的战略高度，安排实施。广安职院通过学习借鉴 CI 理论，并将 CI 理论积极导入校园文化建设实践，形成了独具特色的校园精神文化、制度文化和物质文化。

一、精神文化建设（MI）

（一）凝练顶层设计

大学的灵魂是大学文化，顶层设计是办学总体规划的具体化，是有关校训、校园精神、办学理念、办学定位、教风、学风等思想文化的总称，是大学办学的纲领和遵循。它承载着大学的理想，并以精神的力量鼓舞和引领着师生的文化心理走向社会主义核心价值观。校训有对既往的传承，对现实的求索，更有对未来的憧憬；它是精准把握社会文化方向的学院个体表达，是独特的校园文化基因的挖掘与凝炼。校园精神是大学文化的核心，是一代代建设者奋发有为的精神写真,是激励和引导师生宝贵的无形财富。办学理念是学院办学思想与价值信仰立足于人才培养规格的目标定位。办学定位是置身于地方区域经济发展的生动实践和价值追求。校风学风则是师生思想文化修养、道德水准、文明程度的内化外显。

1. 广安职院顶层设计

校　　训：思源 追寻 致远；

学院精神：艰苦创业　感恩奋进；

办学理念：德技兼修；

办学定位：立足小平故里，服务区域发展，培养高素质技术技能人才，建设西部一流的高等职业院校；

校　　风：德能双馨；

学　　风：明德致用。

【校训释义】

"思源"阐述的是广职人饮水思源、感恩怀德的情怀。之于个人为感恩报答、乐于助人，之于社会为感恩奉献、报效祖国，之于小平为感恩铭记、奋发有为，它凝聚着广职人思立校发展之源，思专业探究之源，思幸福美好之源。"追寻"是学院创业发展的奋斗历程，是感恩奋进的进行时，是高举邓小平改革开放大旗上下求索的生动实践，是按照国家要求、立足行业需求的不懈追求。"致远"即志存高远，指远大而高尚的追求，平静而专注的态度、执著而坚定的目标，担当泽世，奋发图强，亦意指学院的教育事业生生不息，学院的办学精神历久弥新。

2. 党建宗旨文化

以史励志，提升党建文化自觉；

以魂固本，强化党建文化核心；

以文化力，增强党建文化实效。

3. 组织工作文化

政治坚定，公道正派，廉洁勤奋，求实创新，平等诚信，甘为人梯。

4. 宣传主旋律文化

弘扬主旋律，传播正能量。

5. 统战同心文化

思想上同心同德，目标上同心同向，行动上同心同行。

6. 工会和谐文化

平等，温暖，和谐。

7. 廉洁自律文化

崇廉尚洁，身正心修。

8. 人事管理文化

人文，严谨，规范，自律。

9. 学生工作指导思想

高举一面旗帜 —— 邓小平职业教育思想大旗；

提升两种能力 —— 综合素养与职业技能双核共振；

打造三支队伍 —— 党团干部队伍，学工干部队伍，班导师队伍三位一体；

巩固四项成果 —— 学生素质拓展，志愿者行动，民族学生管理，心理健康教育四维并举；

传播五元文化 —— 红色文化，职教文化，民族文化，传统文化，川东文化五元互动。

（二）构建文化意象

中华优秀传统文化是中华民族的精神命脉，是涵养社会主义核心价值观的重要源泉，也是我们在世界文化激荡中站稳脚跟的坚实根基。

要结合新的时代条件，传承和弘扬中华优秀传统文化，传承和弘扬中华美学精神。

——习近平

中华优秀文化是中华民族的精神命脉，五千年文明所创造的文化璀璨夺目，形成了中华民族独特的审美意识和表现方式，其深厚的美学思想具有鲜明的民族思维特性。中国美学首重意境，意象作为传统美学的一个基本形态，是营造意境的重要因素。"意"指主观的情感，"象"指客观的事物，是大自然能借以托物寄情的物象。它坚持主体与客体的有机融合，通过独特的审美视觉将情感品质、意韵情调，投射到一个个具体的物象上，在民族和地域共同的文化背景中实现"意"与"象"融合，情与景交融，心与物共鸣，形与神兼备，在情感美化物化的过程中实现审美愉悦。

1. "景语"与"情语"

王国维说："一切景语皆情语"。讲仁爱、重诚信、尚和合、求大同，是中华美学的根基，其独特的美学思想为我们提供了构建诗意校园的美学基础。因此，坚持依据传统美学理论去设计校园文化，不仅是一种构建方法的选择，更是文化的传承与发扬。中华美学重写意的特质，强调"美在意象"（朱光潜语），这种中华美学精神真谛所强调的情、韵、趣、境，不仅是涵养校园精气神的美学基础和美学资源，更能传达校园文化所体现的大学精神和独特的中华文化基因。因此，用传统美学思想营造具有审美意境的文化氛围，正是基于对这种审美人格的向往和追求。

同时，中华传统美学思想对凡作为意象的物象都寄予了积极向上、高洁清新的美好情感，所展示的诗情画意，所弘扬的主旋律，所传递的正能量等，是校园文化意象品质的保证。因此，意象的构建必须做到形与神的契合，具有美的选择性、"意"与"象"的一致性、独具特色的地域性和具有画面感的诗意性。寻觅、遴选具有美感特质且为民族情感认可的物象是关键，"意"与"象"的一致，强调作为载体的具象物，须准确传达学院核心价值，象征学院精神。在情景交融中引起师生情感共鸣是核心，山川草木，造化自然的特定空间所孕育的地域文化，是校园文化意象鲜活的基石。

2. 构建广安职院特有文化意象

广安职院作为地方高校，立足广安这块红色的热土，遵循意象与广安精神、高职精神的内在一致性，围绕立德修身的道德追求，有教无类的平等情怀，唯实笃行的求真精神，游艺习技的价值取向，坚持以深厚的民族文化精神为背景，在追寻有情怀、有张力，兼具自然美感的物象中，构建具有广安职院特性的文化标识，借鉴传统文化中的思维经验，赋予水、竹、石以人格化，寄情于物，浑然天成。水润、竹秀、石灵无不具有美好寓意特质，它提升了校园的浪漫与诗意。其高洁的形象不仅融进了道德判断和审美追求，更有文化愉悦中正能量的传递，使广大学子通过水、竹、石，从物象审美深入内涵之美，逐步领悟校园文化品质、精神风骨、价值追求，实现进入美学意蕴的新高度。

同时，这种意象构建，既有地域的印记，又秉地域的特性。因地制宜，就地取材，水、竹、石从生态景到精神状，不仅能引发对地域的亲切感，更有高尚品质引发的教育缘，可谓"形"于水竹石，"神"于精气神。例如：

（1）水之澈。以水为文化图腾，依"上善若水"，以水喻德，涵养"思源致远，感恩奋进"的思源文化。

人类的文明与水息息相关。哲学之父泰勒斯说，"水是万物的本源"。追溯四大文明古国的发展可以看出：巴比伦与底格里斯和幼发拉底河，印度与恒河和印度河，埃及与尼罗河，中国与黄河长江的发展密不可分。由此可知，水不仅是人类生存的基础，更是人类文明的前提。它具有避高趋下的谦逊，刚柔相济的能力，海纳百川的包容，滴水穿石的坚毅，奔流大海的追求；它无大不聚，无小不澈，柔中有刚。因此，在校园文化建设实践中，通过对水的认识和思辨，取"上善若水、厚德载物"，水利万物而不争的优良品格，围绕广安开展的"致富思源，共建广安"缅怀小平的品牌活动，结合学院地处伟人故里、承小平恩泽沐浴的政治优势，紧扣学院毗邻渠江、以水为伴的现实环境，将"思源"作为学院文化的核心价值取向和精神追求，取水之执著、坚韧、博大、包容、灵性、清澈、进取、顺势的品性，以涵养校园文化。

【名句赏析】

上善若水，厚德载物。

问渠哪得清如许？为有源头活水来。

滚滚长江东逝水，浪花淘尽英雄。

山重水复疑无路，柳暗花明又一村。

竹外桃花三两枝，春江水暖鸭先知。

疏影横斜水清浅，暗香浮动月黄昏。

滴水之恩，涌泉相报。

流水不腐，户枢不蠹。

【校徽释义】

图 2.5　校徽

围绕思源文化，我们将水作为校徽设计的核心元素，取水滋养万物、不求回报的奉献品质，以及顺势而为、勇往直前的进取精神进行抽象设计，完成校徽上一滴晶莹水珠的演绎。

校徽上水珠的外形由外层"广"的大写字母 G 变形，内层由

"职"的大写字母 Z 变形而成。寓意为：上善若水，思源、追寻、致远。

校徽上的数字 1906 为学院前身的创办时间；中间用的红、蓝、绿三色搭配，神似隶书之水 ⽔，象征校园的"三色文化"，即红色革命传统文化，蓝色职教科技文化，绿色青春生态文化。

（2）竹之韵。竹有梅兰竹菊四君子和岁寒三友的美称，古人有云：君子比德于竹。竹之格在于它笔直的线条和中空的结构，以及被赋予的心虚节坚、凌寒不惧的品质。中国是竹类植物的起源中心，竹与人类关系密切。因历代诗人借竹言志，讴歌其清雅超脱、坚韧平和、虚而有节，从而形成中华传统文化中特有的竹文化。竹之品格是中华民族自强不息精神的重要组成部分。英国学者李约瑟曾说，东西文明乃竹之文明。基于此，挖掘竹所蕴含的独特风骨与审美，形成平凡质朴、虚怀若谷、挺拔节坚、生机勃勃的绿竹精神，由此及彼，弘扬朴实无华、谦虚内敛、弘毅自强的高职精神；这二者的契合，必将形成学院独特的竹文化景观。

川东是竹资源最丰富的地区之一。光影斑驳，繁盛灿烂，竿竿端直挺拔，碧叶经冬不凋；山上山下，茂林修竹；房前屋后，茂盛堆叠，这是川东最具活力的生态景观。将竹作为广安职院又一文化意象，品竹韵，习竹性，赏竹艺，建竹景，以竹寓德，以竹培志，以竹益智，以竹怡情，在学习竹的胸怀、气节、品格、精神中，传播人与自然和谐共生的理念。

【名句赏析】

宁可食无肉，不可居无竹。

未出土时先有节，至凌云处总虚心。

玉碎不改白，竹焚不毁节。

咬定青山不放松，立根原在破岩中。千磨万击还坚劲，任尔东西南北风。

衙斋卧听萧萧竹，疑是民间疾苦声。些小吾曹州县吏，一枝一叶总关情。

华夏竹文化，上下五千年，衣食住行用，处处竹相连。

不要人夸颜色好，要留清气在人间。

风味既淡泊，颜色不斌媚，孤生崖谷间，有此凌云气。

竹有七德：身形挺直，宁折不弯，是为正直；虽有竹节，却不止步，是为奋进；外直中空，襟怀若谷，是为虚怀；有花不开，素面朝天，是为质朴；超然独立，顶天立地，是为卓尔；虽曰卓尔，却不似松，是为善群；载文传世，任劳任怨，是为担当

（3）石之趣。川东地处丘陵，山石连绵逶迤，华蓥山被郭沫若先生誉为"天下第一雄山"，天然石林，秀峰挺拔，高山深涧，异石嶙峋。川东石质细石坚，古朴平实，最宜铺路，它匍匐于大地，静静地守望，默默地承受。其勇于担当、乐于奉献的铺路石精神正好与高职学生扎根基层，踏实工作，坚韧不屈，负重抗压的品格相契合，共同表达了一种生命的坚韧与恒久。同时，校园物质文化建设同样离不开石景，古人云：山无石不奇，水无石不清，园无石不秀，室无石不雅。赏石清心，赏石怡人，赏石益智，赏石陶情，赏石长寿，石乃园之骨。因此，修石径，建石景，立石碑，以石喻德，可谓美不胜收。

【名句赏析】

坚如磐石。

他山之石，可以攻玉。

石可破也，而不可夺坚；丹可磨也，而不可夺赤。

石，一种内涵，一种奉献，一种精神，一种气势，一种脊梁，更是一种自然的演练场。那种不屈于误解，寂寞的生存的伟大。

广安职院独特的文化意象是它生存发展的生命基石的传承和积淀，是一代代广职人倾情追寻所彰显的人文情怀和生命守候，是学院内外兼修的个性绽放。我们深信，在传承和弘扬中华美学精神的文化建设实践中，中华民族独特的美学思想将恒久地为我们提供塑造校园诗意品质的文化滋养，民族尚美的社会心理和地方文化风情演绎的中国情韵，将使地方高职的文化魅力继续绽放。

（三）歌唱和谐校园

1. 高唱校歌

广安职业技术学院校歌（歌词）

蜀水碧，巴山清，巍巍我学府，屹立渠江滨。百年沧桑话辉煌，德技兼修大道行。我们缅怀小平丰功，励志图强，追逐梦想；我们演绎绚丽青春，意气风华，桃李芬芳。

华蓥魂，思源情，莘莘我学子，小平故里行。同学少年苦求索，笃学善思务创新。我们追寻伟人足迹，乘风破浪，启笛远航；我们高扬理想风帆，豪情万丈，自由飞翔。

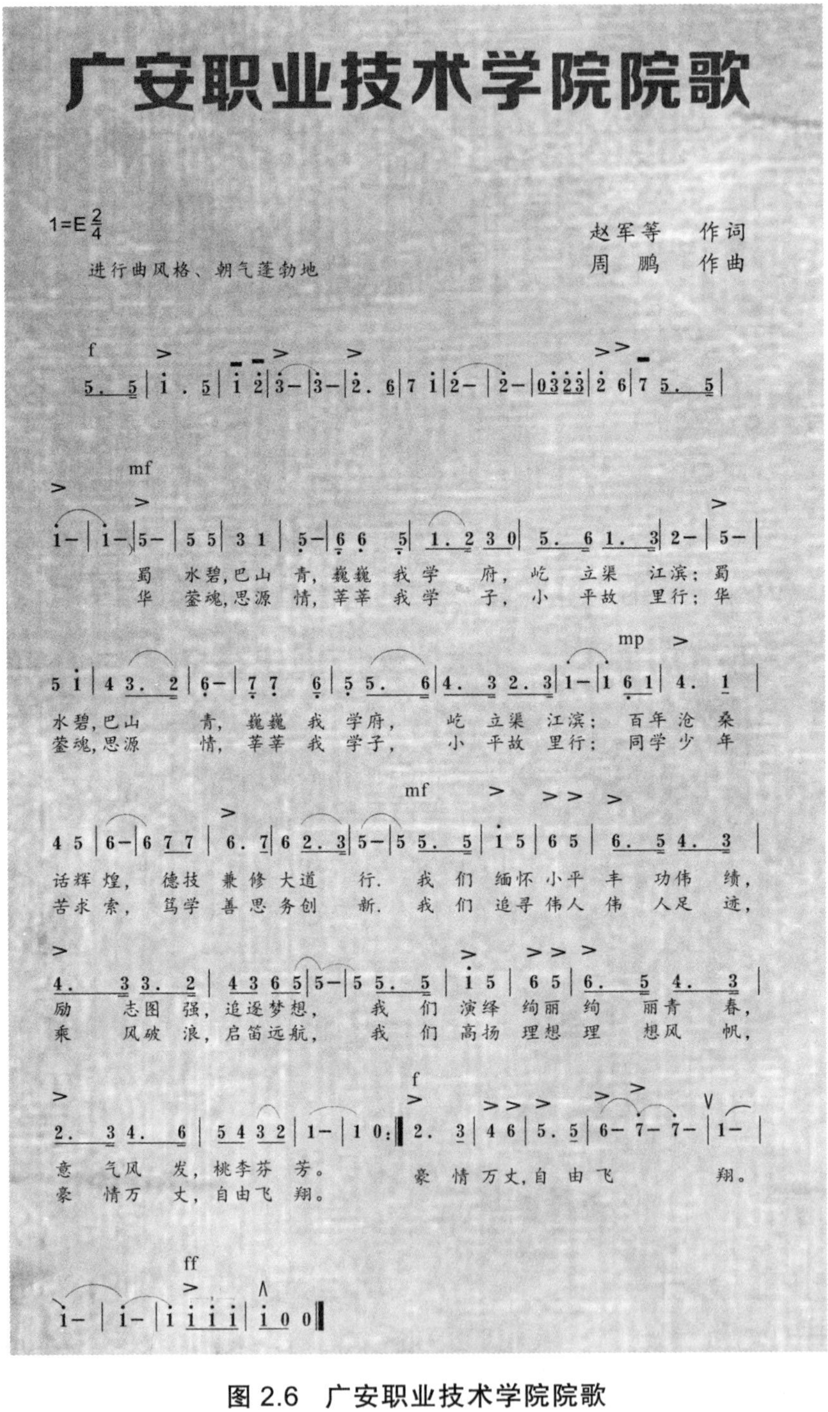

图 2.6 广安职业技术学院院歌

2. 感怀校训

"思源 追寻 致远"（感怀一）

甲申季春，广职始建。承小平惠泽，历春秋几度。栉风沐雨，心诚功就。昔荒山深壑现书香学府，今渠江一景添魅力广安。时光荏苒，似水流年，敬往思来，感慨万千……

斯有广职，地处賨州；物阜民安，宕渠毓秀。
毗邻白塔，远眺洪州；渠水在望，碧波悠悠。

崇先仰贤，因思源而致远；
史载籍承，开先河乃希贤。
史有邓公，年方二八；少年壮志，意气风华。
歌罢掉头渠江行，勤工俭学气自华。
高山仰止，史韵铿锵，丰碑永驻，史笔流芳。

承贤继往，高擎大旗，肩负嘱托，筚路蓝缕。
战严寒，斗酷暑，填沟壑，推山脊……
艰难困苦，玉汝于成，感恩奋进，生生不息。
百年兴学，培桃育李，杏坛蓬勃，桂馥兰馨。
传故庠之底蕴，书新序之新境。
水润人和群贤至，引凤筑巢仁师集。
雨润恩泽，慧心甘霖；
文化浸润，人文日新。
追寻小平足迹，求学伟人故里。
同学少年，书生意气，青春做伴，问道习技。

追寻千百度，上下求索；努力报春晖，知行合一。

德铸魂，智强基，体健身，技固本，美怡情。

五育并举，鸾翔凤集；春华秋实，下自成蹊。

试看今日之广职：春和景明，天朗气清；

　　　　　　　　芊芊绿荫，翠鸟嘤嘤；

　　　　　　　　幢幢学舍，书声琅琅；

　　　　　　　　莘莘学子，泫歌一堂。

美哉，临一湾江水，品满园春色。君不见，思源春晓，揽胜于滨江；春晖煦暖，感恩于故里。明德向善，致用躬行，思贤玉成，自强弘毅。兰风蕙露，芳菲竞妍；秀外慧中，毓秀双馨。①

花木榛榛欣欣以向荣，学子拳拳心旷而神怡。

学于斯，生之福，师之幸；业于斯，师之乐，生之喜。

或漫步于学苑，或流连于滨江，感生活之美好，思饮水之有源……

华蓥苍苍，渠水泱泱，小平故里，山高水长。

数我广职，根脉浩荡，思源致远，桃李芬芳。

时值建院八年，抚今追昔，虽创业艰难，终玉汝于成，感慨颇多，写下此篇，以兹纪念。

——笔者 2012 年 4 月　于春晖楼

思　源　（感怀二之一）

妈妈告诉我

---

① 思源、春晖、明德、致用、思贤、玉成、弘毅、兰蕙、芳菲、秀慧、毓秀均为学院楼宇名。

做个感恩人
鸦有反哺义
羊有跪乳恩

老师教诲我
思源永相随
谁言寸草心
报得三春晖

我是故里人
铭记小平恩
毓秀宕渠风
阳光万物生
思源情 感恩心 涌泉报 伴远行

我是故里人
铭记小平恩
思源情 伴远行

追 寻（感怀二之二）

回眸你波澜壮阔的人生，我们追寻，
沿着你执著坚毅的足迹，我们追寻。
穿越生命的等候，
在春天的故事里，我们起航。
像你一样，
追寻内心那崇高的信仰。

历经寒彻骨，迎得梅花香。
用生命丈量，
脚印是我们书写的华章。

沿着你上下求索的步履，我们追寻，
求学在日新月异的故里，我们追寻。
透过岁月的守望，
在复兴的大道上，我们起航。
像你一样，
雄关漫道里那生命的接力。
意气风华，追逐梦想，
让青春绽放，
怒放的生命再创辉煌！

致 远 （感怀二之三）

携着母亲的祝福飞扬

如花的季节即将起航

梦想开始的地方

远飞的伞[①]

心向远方

飞扬飞扬

去追逐美丽的梦想

带着大地的希冀飞扬

流连那迷人的旖旎风光

---

① 出自小诗《蒲公英的遗产》。

缤纷的人生路上

远飞的伞

自由徜徉

飞扬飞扬

让青春竞相绽放

时间悠远

空间无限

轻舞飞扬

思源致远

本组诗歌——"思源""致远""追寻"作于建院十周年之际。十年创业，历历在目，"思源 追寻 致远"的校训，始终激励着广职人在有为有位的路上，怀揣感恩之心，奋勇前行。

——笔者 2015 年 4 月 于春晖楼

二、制度（行为）文化建设（BI）

人类文明进步的重要标志是规则的完善，公平、公正、科学、周密的制度设计，是事业持续健康发展的重要保证。制度（行为）文化作为高职校园文化重要内涵，是校园文化建设的行动准则，更是一种知行合一的行为文化。建章立制，形成长效机制，是文化建设有序推进的前提，如此方能指导开展形形色色的文化活动，实现文化自信和文化自觉。即，按照职教思维，基于职业教育的内在规律，强化制度建设，以项目引导、任务驱动、典型引领开展的文化实践活动就有了制度的保障。

（一）建设集团文化

产教融合是当今高职教育发展的主旋律，建设校企融合的校园文化是高职教育的文化追求。通过校企合作，坚持产业文化进教育、企业文化进校园、职业文化进课堂，立足于校企合作的办学理念，工学结合的人才培养模式，打造融合产业文化的职业集团文化是文化建设的又一重要任务和艰巨工程。广安职院为适应川渝合作示范区（广安片区）产业调整升级需要，牵头搭建政行企校联动合作平台，成立了广安职业教育集团。围绕整合、融通、共享原则，构建了合作办学、合作育人、合作就业、合作发展的校企人才培养模式。这种模式以企业与学院合作办学的双主体形式，开办了德克特信息学院，华可商学院和伍合信商网络学院。通过教育链和产业链的深度融合，实现了在行业标准与专业标准、企业规范与教育规范、职业素养与综合素养、企业文化与校园文化等方面的对接，在一定程度上使学生职业技能与人文素养、科学素养、技术思维、实践能力等方面实现了同步提升。但与其他示范性高职差距较大，依然任重道远。

（二）重视课程文化

坚持文化建设与专业建设的深度共融，坚持专业建设与课程建设的一体推进，实现通识知识与专业技能兼具，提升学生综合素养是职业教育工作者的使命。我们知道，专业建设的核心是课程建设，而课程建设的核心则是课程文化。国务院《关于加快发展现代职业教育的决定》指出，要健全文化素养+职业技能的考试招生办法;《教育部关于深化职业教育教学改革 全面提高人才培养质量的若干意见》也强调,要"发挥人文学科的独特育人优势,加强公共基础课与专业课间的相互融通配合,注重学生文化素养、科学素养、综合职业能力和可持续发展能力培养,为学生实现更高质量就业和职业生涯更好发展奠定基础"。因此,同步深化文化的学习,实现文化素养与职业技能双丰收,关键在于课程的系统化设计。目前,重专业课、实训课,轻公共基础课的结构弊端正日渐显露,学生人文素养缺失的负面后果也初见端倪,改善这种结构性缺陷,基于综合素养提升的公共基础课改革已迫在眉睫。重视公共基础课在知识、情感、技能中的育人作用,突破公共基础课程设置边缘化的困境,启动基于综合素养养成的公共基础课改革,促进公共基础课教师职业化转型,拓展公共基础课的文化内涵,是实现课堂增值的重要内容。同时,进一步挖掘专业课的文化特质,通过专业导论和具有专业背景文化知识的学习,扩大学生知识面,拓展其视野。

表 2.1 通识教育课程架构与素养目标

	课程类别	课程名称	素养目标
通识课程 (公共基础课)	必修课	思政系列课程	基本素养: 政治素养 品德素养 法律素养 人文素养 科学素养 健康素养
		大学语文	
		信息技术	
		职业生涯规划	
		体育与健康	
	选修	博雅课程	通用素养: 自主学习能力 信息处理能力 数字应用能力 人际沟通能力 团队协作能力 环境适应能力 问题解决能力 创新创造能力
		自然科学	
		心理学	

(三) 因地制宜，精心设计

提升学生通识素养是一项长期而艰巨的工作，公共基础课改革也会在渐进中前行，但当务之急是在操作层面，要用切实有效的方法，有针对性地开展通识教育，实现提升学生通识素养的目的。

1. 经典晨读

古人有许多论述，强调诵读的重要。在内容方面，选择经典（片段）、现代短小精悍的美文，融哲学、艺术、美学、伦理学、科学于一体，通过诵读，增强学生的博雅素养、文化判断力和审美品质。试想，迎着清晨的第一缕阳光，琅琅书声，滔滔渠江，至清之音，互为应和，一定会成为学院校园一道亮丽的风景。

古人关于读书的格言：

开卷有益。

读书百篇，其义自见。

熟读唐诗三百首，不会作诗也会吟。

腹有诗书气自华。

读万卷书，行万里路。

读书破万卷，下笔如有神。

风声雨声读书声，声声入耳；家事国事天下事，事事关心。

2. 开展研究性学习

这是深层次的学习提升，具有很强的开放性，由专业社团牵头组织。在老师指导下，拟定与专业相关，又涉猎其他学科知识的课题，基于广泛的课外阅读、思考、争论、探幽，有历史文化的探源，有文学、艺术、美学的探究，内容涉及天文地理，更关注社会生活、科技进步，通过质疑，修炼品性，增长通识知识。

研究性学习专题举例：

- 万水千山总是情——文化与山水；
- 仁者乐山，智者乐水——智慧的旅游；
- 追寻小平足迹——红色文化与红色旅游；
- 建筑文化与现代文明；
- 建筑是凝固的音乐；
- 在建筑的艺术中徜徉；
- 《林黛玉进贾府》与中国王府格局；
- 游小平故居，看川东民居特点；
- 思源广场的对称美；
- 观《大国重器》，思民族制造的腾飞之路；
- 看《大国工匠》，修一技之长；
- 汽车文化与汽车革命；
- 《朱子家训》与6S管理文化；
- 中国蒙学读物的基本特征；
- 吟唱《涛声依旧》《青花瓷》《卷珠帘》，浅析流行歌曲中的古典诗歌意象。

（四）加强品牌建设

品牌文化建设是一种策略思考，更是一项制度化设计，品牌不仅包含质量和技术，而且还展示形象和财富。挖掘品牌资源、塑造品牌形象、提升品牌价值，形成的文化符号，是一代代学子铭记和传承的无价之宝。同时，品牌文化作为一种无形资产，其鲜明的品牌形象还将成为宣传学院、扩大影响的重要载体和文化资源。

学院以项目为单元的品牌文化建设，坚持鲜明的文化主题，以职教思维为品牌活动创建的出发点，按照基于工作过程系统化的原理，围绕优化和增值，根据校园文化呈现的特点，结合学生对文化的需求及国家对文化的导向，确定典型的文化活动，创立品牌，形成红色文化节、职教文化节、民族文化节、传统文化节、渠江论坛五大校园文化品牌，并通过项目、任务、措施、评价于一体的推进机制，让学生积极参加文化活动，体验文化的博大和魅力。

如果将校园文化比作一台精彩大戏，那么五大文化活动项目好似五个折子戏，二者围绕以文化育，既一脉相承，又相对独立，由学工部、团委统领，做出宏观安排，再以系、班为单位实施，指导学生完成策划、组织、宣传、执行。按照项目导向、任务驱动、典型文化活动展示的"五元互动"的校园文化活动，将全方位从文化视觉上展示校园文化精神。这种精心设计的校园文化，必将成为师生期盼的文化盛宴，演绎和投射出校园丰富的文化剪影。

【项目一】红色文化节

主题：崇先仰贤，思源致远。

标识：

图 2.7 红色文化节标识

时间：每年九月。

任务：习文化、强军训、观故里、传精神、怀英烈、庆双节

（1）习文化

主题：学文化知行合一 习规章遵纪守规。

①围绕校本教材《立志·修身·成才——做合格大学生》，进行入学教育，通过系列讲座，培养学生懂规矩，守纪律的意识。（承办：学工部）

②围绕校本教材《五元互动的高职校园文化建设》读本，系统讲授五元文化知识，介绍学院的特色文化活动。（承办：科研处）

（2）强军训

主题：忠诚 担当 弘毅 刚强。

①练军姿：军旗猎猎，军歌嘹亮。演练军姿，培养毅力。

②严内务：教官示范，学习评比，规范内务，净化环境。

③学理论：学习军事理论，增强国防意识。

④展风采：通过汇报表演——方阵检阅、徒手操练、匕首操表演，展示军训成果。

（承办：学工部）

（3）观故里

主题：伟人风范 高山仰止。

参观小平故里，缅怀伟人丰功，激励学生奋发有为。（承办：学工部）

（4）传精神

主题：弘扬主旋律 传播正能量。

①我们的价值观——社会主义核心价值观宣传月。（承办：

宣传统战部　思政教研室）

②校园顶层设计的学习传播。（承办：宣传统战部）

③红色精神文化讲座 —— 坚定信念，思贤进取。传承精神，让红色文化历久弥新。（承办：宣传统战部　思政教研室）

（5）怀英烈

主题：铭记历史　缅怀英烈。

普及中国抗日战争史，引导勿忘国耻，强化团结就是力量，落后就要挨打的意识，继承和发扬先烈们英勇精神，倡导改革创新的时代精神，增强爱党爱国情感，增强社会主义核心价值观，惟其如此，民族才有光明灿烂的未来。

①宣传普及抗日战争知识。（承办：宣传统战部）

②观看抗日战争影片。（承办：学工部）

③开展系列教育文化活动，包括绘画、书法、演讲、诗朗诵和歌咏会。（承办：各系）

（6）庆双节

主题：双节同庆，喜迎新生。

①吟诗诵词，望月思亲。（承办：各系）

②载歌载舞，讴歌祖国，唱响共和国之恋系列歌曲，展示校园青春文化的丰富多彩。（承办：学工部　团委）

【典型举例】红色精神文化讲座

主题：传精神　坚信念。

红色精神是国家、社会意识形态中所倡导的主流的精神文化，它代表着一个政党的优良品质，引领着时代的风尚，其精神体现了中华民族近现代以来追求的先进价值观，是激励人们奋发有为的精神动力。红色文化是广安最具比较优势的文化资源，全国特色党性教育基地小平故里、革命传统教育基地华蓥山享誉全国，因此，依托红色文化资源，接受红色文化洗礼，传播"五四以"来的精神文化，培育红色文化精神，坚定青年学子对革命英雄主义的信念，是学院神圣的使命。

"五四精神"：爱国，进步，民主，科学，核心是爱国主义。

井冈山精神：坚定不移的革命信念，坚持党的绝对领导，密切联系人民群众的思想作风，一切从实际出发的思想路线，艰苦奋斗的作风。

长征精神：不怕牺牲、前赴后继的精神，勇往直前、坚忍不拔的精神，众志成城、团结互助的精神，百折不挠、克服困难的精神。

延安精神：坚定正确的政治方向，解放思想、实事求是的思想路线，全心全意为人民服务的根本宗旨，自力更生、艰苦奋斗的创业精神。

铁人精神：为国分忧、为民族争气的爱国主义精神；宁可少活 20 年，拼命也要拿下大油田的忘我拼搏精神；有条件要上，没有条件创造条件也要上的艰苦奋斗精神；干工作要经得起子孙万代检查、为革命练一身硬功夫、真本事的科学求实精神；甘愿为党和人民当一辈子老黄牛，埋头苦干的奉献精神等。

焦裕禄精神：亲民爱民、艰苦奋斗、科学求实、迎难而上、无私奉献。

雷锋精神：热心公益、乐于助人、扶贫济困、见义勇为、善待他人、奉献社会。

航天精神：为国争光，自强不息，顽强拼搏，团结协作，开拓创新。

【项目二】技能文化节

主题：问道明理，修文强技。

标识：

图 2.8　技能文化节标识

时间：每年五月。

内容：竞技艺、勇创业、习文化。

（1）竞技艺

主题：德技双馨　展我风采。

①职业技能比赛及技能成果展。（承办：学工部　各系）

②实训室文化比赛——按照标准化、育人化、审美化要求，建设实训室文化。（承办：教务处　各系）

（2）勇创业

主题：争做"领头雁"　成就创业梦。

①邀请成功人士开展创业讲座。（承办：学工部　各系）

②邀请省内外优秀创业团队指导学生模拟创业。（承办：各系）

③召开座谈会，组织学生分享模拟创业收获的得失，举办创

业成果展。(承办:各系)

④召开就业指导课老师座谈会。(承办:组织人事处)

(3)习文化

主题:知行合一 行而致远。

①邀请政府职能部门讲区域经济的发展动态和产业行业文化建设的理念;邀请企业家走进校园,分享企业在创业、管理、文化和创新上的成就;组织教师围绕职业文化进行专题研讨。(承办:党政办、校企合作处、组织人事处)

②学六艺,开展专题讲座,讲授礼、乐、射、御、书、数相关知识,了解古今技艺的传承和发展,思考李约瑟难题(承办:科研处)

③开设现代工业文明知识讲座。(承办:科研处)

④技能竞赛知识讲座。(承办:教务处)

【典型举例】技能比赛项目

表2.2 广安职业技术学院技能比赛项目表

活动名称	活动主题	活动内容	承办主体
第三届职业技能文化节	德技双馨展我风采	1. 文明在我心,礼仪在我行系列相声小品等口才表演活动;	教育一系
		2. 猜灯谜;	
		3. 学生导课大赛;	
		4. 粉笔字大赛;	教育二系
		5. "读书之星"比赛;	
		6. 廉洁文化毛笔书法大赛;	
		7. 手工剪纸大赛;	
		8. 手工制作大赛;	

续表 2.2

活动名称	活动主题	活动内容	承办主体
第三届职业技能文化节	德技双馨展我风采	9. 建筑识图技能比赛；	建筑与城市规划系
		10. 砌筑技能比赛；	
		11. 基础放线技能比赛；	
		12. 园艺修枝、插花技能比赛；	
		13. 工程算量技能比赛；	
		14. 导线测量技能比赛；	
		15. 数字小键盘录入比赛；	经济管理系
		16. 会计手工账比赛；	
		17. 五年制学生诗歌朗诵比赛；	
		18. 点钞比赛；	
		19. 导游词解说比赛；	
		20. 中餐摆台技能比赛；	
		21. 客房中式铺床比赛；	
		22. 鸭嘴锤制作比赛（钳工、数控车工）；	工程技术与信息管理系；石油工程系
		23. AutoCAD 技能大赛；	
		24. 花架焊接技能比赛（团体）；	
		25. 软件开发大赛；	
		26. 计算机硬件组装技能大赛；	
		27. 汽车发动机拆装比赛；	
		28. CAD 绘图大赛；	
		29. 校园文化创意产品设计大赛；	艺术设计系
		30. 野外写生技能比赛；	
		31. 手工剪纸技能比赛；	
		32. 书法比赛；	
		33. 涂鸦大赛	

广职即景

霞光映照美丽校园,
青春广职沐浴阳光,
晨曦中,
渠水浅吟低唱,
一路欢歌奔向远方。

春风吹拂年轻的脸庞,
青春梦想澎湃激荡,
春光里,
我们茁壮成长,
尽情演绎那美好时光。

红红的高职一轮朝阳,
火火的高职蓬勃兴旺,
青春之歌纵情演唱,
年轻的高职满园芬芳。

产教融合,高职方向,
德技兼修,学用相长,
躬身实践,学会担当,
服务社会,书写荣光。

理论学习,书声琅琅,

习礼文雅，得体端庄，
载歌载舞，活力绽放，
生龙活虎，运动场上。

学用结合，问题导向，
实习实训，样样在行。
焊接砌墙，测绘丈量，
精打细算，共同分享，
诲人不倦，潜心试讲，
杏林仁心，救死扶伤，
机器轰鸣，开动车床，
艺术设计，人生风光……

听渠江轻轻歌唱，
青春梦澎湃激荡，
乘着歌声的翅膀，
满怀豪情奔向远方。

观学生竞技，"红火"二字蓦然而生，有感而发，作《广职即景》。

——笔者 2015 年 5 月 于春晖楼

【项目三】民族文化节

主题：多元一体，包容和谐。

标识：

图 2.9 民族文化节标识

时间：每年十一月。

任务：讲团结、展文化、秀才艺、研模式

在中华民族五千年璀璨历史的演进中，中华文明的开放性和包容性孕育了团结统一、爱好和平、勤劳勇敢、自强不息、刚健有为的民族精神。文化学者马未都说："中华民族是一个极为宽厚的民族，对其他文化，一直怀有海乃百川，有容乃大的襟怀"。民族文化节是学院正视不同文化背景成长下的学子的文化诉求，量身定制的跨文化交流和情感释放的平台。大学的民族教育特色决定了它必须通过弘扬团结进步的正能量，在独特的时空里，在民族同心同德中实现传统与传承相成，认知与认同交融，学习和弘扬贯通，引导学生用平等的心态看待多元、多层、多样的文化差异，树立同宗同源，和而不同、和而相融、和合一体的理念，形成自由竞合、取长补短、兼容并包的文化观。

（1）讲团结

主题：平等 团结 互助 和谐。

①民族团结知识讲座，邀请民族问题研究专家或市民宗局领

导做主题报告，宣讲民族政策和三个离不开的思想。（承办：学工部）

②指导民族交流社，开展座谈交流。（承办：学工部）

（2）展文化

主题：各美其美 美美与共。

举办民族文化展，内容包括民族历史介绍、民族风俗演绎、民族歌舞展示、民族服饰走秀、民族美食品尝等表现民族民俗的内容，展示民族文化的多样性、丰富性，感受民族文化的博大精深。（承办：民族交流社）

（3）秀才艺

主题：艺彩飞扬 展我风采。

①民族文艺晚会，围绕宣传各民族积极向上的民族风貌，展示各民族灿烂文化，通过歌舞、器乐、情景剧、朗诵等，实现弘扬民族精神，实现伟大中国梦的活动主旨。（承办：学工部）

②民族学生专场感恩音乐会。（承办：学工部）

③举办最炫民族风周末民族团结舞会，表演锅庄、达体等民族舞蹈，领略不同的民族风情和艺术人文气息。（承办：民族交流社）

（4）研模式

主题：和而不同，和而相融。

举办民族复合式管理模式研讨会。（承办：学工部）

【典型举例】

少数民族复合式管理模式内涵：激活众多管理元素，形成管理合力——纵向联合、横向配合、内外整合，实现共振效应。

指导思想：团结、教育、疏导、化解。

工作方针：尊重、包容、关爱、严育。

五位一体培养目标：

民族地区经济繁荣的建设者、促进者，

民族团结进步的倡导者、维护者，

民族优秀文化的传承者、弘扬者，

小平职教思想的践行者、受益者，

民族地区生态文明的传播者和守护者。

【项目四】传统文化节

主题：博采众长，弘扬文明。

标识：

图 2.10　传统文化节标识

时间：每年四月。

内容：读名著、诵经典、歌咏志、讲道德、习书画、知年节中国是有着悠久文明的国家。挖掘传统文化的优秀价值观基因，通过找寻深厚的文化渊源，以弘扬中华优秀文化传统为主线，探求民族传统精神的现代价值和意义，激励学生崇德向善，见贤思齐，鼓励学生积善成德，明德惟馨。引导学生在领悟传统文化精华，感受优秀传统文化魅力，接受优秀传统文化洗礼中，懂得中华民族生命绵长，中华文明历久弥新，皆因文化传播和维系。

（1）读名著

主题：书香广职，悦读青春。

学史可以看成败、鉴得失、知兴替；学诗可以情飞扬、志高昂、人灵秀；学伦理可以知廉耻、懂荣辱、辨是非。

—— 习近平

读史使人明智，读诗使人聪慧，演算使人精密，哲理使人深刻，伦理学使人有修养，逻辑修辞使人善辩。

—— 培根

以世界读书日（每年 4 月 23 日）为契机，营造书香萦绕的阅读氛围，与经典同行，和圣贤为友，诵经典，知礼仪，讲文明，激发学生关注经典，热爱经典，传承经典的文化自觉，实现读书明理，读书培智，读书思源的育人效果。学习内容包括爱国守法、明礼诚信、团结友善、勤俭自强、敬业奉献等优秀传统文化。

①传统文化知识讲座。（承办：科研处）

②100 本经典书目推荐。（承办：图书馆）

③精品书刊现场展示。（承办：图书馆）

④书香心语主题班会。（承办：各系各班）

⑤"感恩小平 中国梦在广安"读书征文。（承办：院团委）

（2）诵经典

主题：诵国学经典 展华韵风采。

经典是民族文化的最高形态，举行"诵经典"比赛，将秀汉服、习礼仪、赏古乐有机统一，通过诗礼教化，实现文化认同和传承。（承办：各系）

（3）歌咏志

主题：弘传统文化 歌青春梦想。

举办校园歌手大赛，通过声情并茂演唱具有浓厚古典韵味的歌曲，陶冶情操，提升品位。（承办：院团委、各系）

（4）讲道德

主题：知礼仪 懂廉耻 勇践行。

通过善、诚、孝、强的学习，培养学生自强、厚德、尚义、守信、明礼、尽孝、报国的思想品德，积小善为大善，积小德为大德。

①行孝。

曹于亚[1]爱心工作室孝文化讲座、思源感恩系列文化活动。（承办：宣传统战部）

牵手夕阳红。（承办：学生会）

清明祭扫。（承办：学生会）

②崇诚。

"我最喜欢的诚信格言、人物"征集活动。（承办：学生会）

诚信教育专题讲座。（承办：各系）

---

[1] 全国首届道德模范，广安职院辅导员。

③向善。

勿以善小而不为，勿以恶小而为之。养成教育活动及学生日常管理专项整治活动。（承办：学工部 各系）

众筹："汇集善的力量"募捐活动。（承办：院工委 院红十字会）

（5）习书画

主题：书廉洁人生 绘中华神韵。

①通过书写廉洁人生书法大赛，练书法、端品行。培养学生崇廉尚洁的良好品德和慎独慎微的自律意识。（承办：院工会 监审处）

②举办国画展。（承办：艺术设计系）

（6）知年节

主题：知中华传统 积文化底蕴。

①我们的节日——传统文化知识讲座。（承办：科研处）

深入挖掘民族传统节日文化内涵，广泛开展优秀传统文化普及活动，充分发挥重要节庆，传播文化、思想和礼仪的独特优势，追溯先人雅致而宁静的诗意生活，体验他们其乐融融的生活品质，感受中华文明的温馨与和谐，领悟中华文化的博大与绵长。

②传统节日民俗文化图片展。（承办：学工部）

【典型举例一】我们的节日

主题：国人情怀 民族慰藉。

作为一种文化现象，传统节日越来越成为大众生活的新形式与新载体，它记载繁华旧景，承载温暖记忆；历经千年传承，阅尽变迁沧桑。它自身的演绎和传承，它温馨的仪式感体现炎黄子孙对和谐的向往和对中华文化的情感认同。通过对民族传统节日精神内涵的解读及庆典形态的解析,在重温民族的共有温馨与感动中寻找民族的精神家园,追寻中华民族人格养成最深的根脉,追忆先人们对自然的崇拜,对生命的敬畏,对美好的向往,体会传统节日穿越千年仍生机勃勃的奥秘,感受时光浸润中所散发的人性之光,体会在传统节日传承中与时俱进而赋予的时代气息,进而懂得所蕴含的历史价值和现实意义。

①春节:是中国文化最重要的文化遗产,它寓意美好、团圆。它是由农耕文明滋养的节日,是中华民族节庆文化的集大成,它将愿望、情感、追求聚于此,在国人的心中有着至高的地位。无论东西,不分古今,滚滚人流,风雪夜归,把酒除夕,团圆祥瑞,其乐融融,此情此景永远是中国人最有质地、最富诗情的生活画卷。

【名诗欣赏】

元 日

王安石

爆竹声中一岁除,春风送暖入屠苏。

千门万户曈曈日,总把新桃换旧符。

民俗展示:吃元宵、吃团圆饭、守岁、贴春联、贴福字。

②元宵节:是春节之后的第一个重要传统节日,因是一年中第一个月圆之夜,又叫上元节。正月十五,皓月高悬,张灯结彩,花市如织,幸福祥和。欧阳修《生查子》词云:"去年元夜时,花

市灯如昼。月上柳梢头，人约黄昏后。"少男少女，相约元宵，浪漫温馨，幸福甜蜜，它又被称为中国的情人节。

【名诗欣赏】

青玉案·元夕

辛弃疾

东风夜放花千树。更吹落、星如雨。宝马雕车香满路。凤箫声动，玉壶光转，一夜鱼龙舞。

蛾儿雪柳黄金缕。笑语盈盈暗香去。众里寻他千百度。蓦然回首，那人却在，灯火阑珊处。

风俗展示：观灯、猜灯谜、舞龙灯、吃元宵。

③清明节：清雅深沉，诗意浓烈的清明是节日和节气的重叠，形成于唐宋。万物生长此时皆浓郁而蓬勃，可谓气清景明。

通过追寻生命源头，寻根问祖，表达慎终追远，热爱生命的人生意义。它是祭祀祖先，缅怀先人的节日，是远足踏春、亲近自然的春季仪式，表达对生命的思考，提升对生命的认识，进而关注生命，敬畏生命，认识生命的价值。它是获得人格全面发展的生命教育载体，2006年被列入国家级非物质文化遗产名录。

【名诗欣赏】

清　明

杜　牧

清明时节雨纷纷，路上行人欲断魂。

借问酒家何处有？牧童遥指杏花村。

风俗展示：祭奠先人、扫墓、踏青、植树、郊游。

寒 食

韩 翃

春城无处不飞花，寒食东风御柳斜。

日暮汉宫传蜡烛，轻烟散入五侯家。

寒食节是为纪念介子推而设，居清明节前一二日，后因寒食清明相近，便二节合一。

④端午节：为每年农历五月初五，相传为纪念屈原而设，食粽思贤，祭奠先贤爱国爱民的情怀。同时通过亲近大地，顺应自然，表达人与自然和谐相处的美好意愿。

【名诗欣赏】

乙卯重五诗

陆 游

重五山村好，榴花忽已繁。

粽包分两髻，艾束著危冠。

旧俗方储药，羸躯亦点丹。

日斜吾事毕，一笑向杯盘。

风俗展示：赛龙舟、吃粽子、挂菖蒲。

⑤七夕节：一个关于星辰的时点，通过对天文天象的想象，表达了人间亲情的融合。七月七日七孔针，表现了女性的智慧和巧艺，被称为中国的女儿节。更因为牛郎织女鹊桥相会的故事，变成了一个浪漫的节日，由此而演绎了国人两情相悦的美好情谊。"牛郎织女传说"2008年被列入国家级非物质文化遗产名录。

【名诗欣赏】

鹊桥仙·纤云弄巧

秦 观

纤云弄巧，飞星传恨，银汉迢迢暗度。金风玉露一相逢，便胜却人间无数。

柔情似水，佳期如梦，忍顾鹊桥归路。两情若是久长时，又岂在朝朝暮暮。

风俗展示：七巧。

⑥中秋节：明月清风，兰桂飘香，家人团聚，同享天伦，望月怀亲，温馨倍至，它顺应了中国人的情感需要。人月两圆，共享团圆，蕴含了国人对生活理想境界的向往。

【名诗欣赏】

水调歌头·明月几时有

苏 轼

明月几时有？把酒问青天。不知天上宫阙、今夕是何年？我欲乘风归去，惟恐琼楼玉宇，高处不胜寒，起舞弄清影，何似在人间？

转朱阁，低绮户，照无眠。不应有恨、何事长向别时圆？人有悲欢离合，月有阴晴圆缺，此事古难全。但愿人长久，千里共婵娟。

风俗展示：赏月、思亲、团圆、品月饼。

⑦重阳节：又叫重九节，因九为数中至尊，含有长久长寿之意，是我国传统的敬老节日。据此风俗习惯，1988年我国将农历的九月初九正式定为"中国老年节"，举办各种敬老活动。

【名诗欣赏】

采桑子·重阳

毛泽东

人生易老天难老，岁岁重阳。今又重阳，战地黄花分外香。
一年一度秋风劲，不似春光。胜似春光，寥廓江天万里霜。

九月九日忆山东兄弟

王　维

独在异乡为异客，每逢佳节倍思亲。
遥知兄弟登高处，遍插茱萸少一人。

风俗展示：孝亲敬老、登高望远、赋诗赏菊、插佩茱萸。

传统节日以其独特而永恒的魅力温暖着我们,今天对传统节日文化内涵的认识、关注和重视以及融入的时尚元素,不仅是感受历史风貌,也不止是怀旧,而是发现和传承,在喜庆祥和的节庆里感受中华文明的智慧与憧憬,在穿越千年的时空中体验文化的温暖与慰藉,传统节日成为了民族文化象征与凝聚民族情感的重要力量和青年学生共同的文化意识。

【典型举例二】曹于亚爱心工作室

主题:寸草春晖,家国一体。

道德模范是社会道德建设的重要旗帜,是激励人们的精神动力和道德修养,要形成崇德向善,见贤思齐的氛围,必须通过弘扬真善美,传播正能量,方能积善成德,明德惟馨。

曹于亚是首届全国道德模范,她捐肾救父、孝亲敬老的故事,传遍大江南北,形成了强大的道德力量。同时,曹于亚作为我院辅导员,在教书育人中,她的示范和引领,潜移默化地影响着广大学生,发挥着榜样的无穷力量。

(1)讴歌楷模

孝义歌

百善行,孝为先,重孝义,德始坚。
仁之实,事亲是,事其亲,孝之至。
亲养育,羊跪乳,行至孝,鸦反哺。
儿远行,恐迟归,寸草心,报春晖。

大中华,讲人伦,重亲情,民风淳。

寻祖根，生命源，因慎终，而追远。
慈孝心，人有之，老吾老，人之老。
母之情，似海深，父之恩，比天高。
昔黄香，尽孝义，小儿郎，自温席。
心善良，有董永，感仙女，动苍穹。
好少年，杨怀保①，知恩亲，勇回报。
广职院，有于亚，报父爱，传天下。
养育恩，记心间，致孝情，薄云天。
孝行榜，美名扬，孝风盛，行无疆。

家国情，行大道，人需尽，忠与孝。
家与国，尽己责，始事亲，更事国。
昔木兰，替父行，勇担当，赴军营。
有班昭，续汉书，承父志，愤笔书。
霍去病，有气魄，何为家，夷未灭。
汉苏武，赴匈奴，十九载，志不衰。
狄仁杰，望云霞，思至亲，孝天下。
陆放翁，捍国疆，图复兴，示儿郎。
文天祥，留丹心，尚气节，照汗青。
林则徐，有大义，利国家，生死以。
众先贤，品自高，大情怀，当旌表。
诸后生，记心间，勇践行，而致远。

---

① 杨怀保，中国首届全国道德模范，多次来广安职院作专题报告。

孝传承，爱传递，父母恩，长相忆。

家国梦，岁月情，涌泉报，赤子心。

曹于亚，领头雁，作表率，行为先。

众学子，弘美德，雁阵行，海天阔。

初识于亚，有一种见到楷模的激动，小小年纪，如此坚强，深感佩服，作《孝义歌》，以旌其德。

——笔者

爱无言
——致曹于亚

曾经那温暖的家，父亲如阳光，沐浴我长大，欢声笑语，温馨如画，那么温暖，温暖的爱啊，成长的路上幸福如花。

有一天爸爸倒下，女儿如大树，撑着我的家，勇敢担当，因为坚强，坚强的爱啊，是爸爸新生的希望，反哺的温馨让我笑靥如花。

从那时八方的爱，涌进我家，如阳光，似大树，温暖我家，遮风避雨，重获希望的生活，让我们怒放心花。

八方的爱，永放光华……

（2）"家国一体，大孝无疆"专题讲座

木兰从军　班昭续书　去病戍边　天祥丹心　陆游复国

岳飞抗金　仁杰思亲　苏武牧羊　继光抗倭　则徐销烟

学森报国　铁人争光　航天自强

（3）感恩之旅

榜样的力量是无穷的，运用雁阵原理，充分发挥曹于亚的榜样效应，以曹于亚爱心工作室为主体，赴基层进行感恩文艺巡演，发出倡议书，传播正能量。

感恩倡议书

各位领导、老师、亲爱的同学们：

我是曹于亚，今天我在这里发出感恩倡议，以实际行动来表达自己感恩的心意：

一、感恩祖国：感恩我们伟大的祖国，是她给了我们/健康的成长空间，不管力量大小，不管能力多少，点燃我们的是那颗/诚挚的中国心；

二、感恩学校：感谢学校为我们创造了/良好的学习和生活环境。让我们为学校/做一点小事吧！爱护公物，爱护环境，使我们的校园/变得更加美丽。

三、感恩父母：感谢父母对我们/无微不至的关怀，我们应体谅父母的艰辛，尊重父母的劳动，培养勤俭节约的好习惯；

四、感恩老师：在人生的道路上/老师给了我们莫大的帮助，感谢老师/孜孜不倦的教诲，我们要珍惜/老师的劳动成果，以优异的成绩/回报老师的谆谆教导。

五、感恩同学：感谢曾经/帮助过我们的同学，感谢他们/陪伴我们走过快乐的/学习时光，用自己力所能及的方式/帮助其他/需要帮助的同学。

广安职业技术学院　曹于亚
2015 年 5 月 26 日

【项目五】渠江论坛

主题：汇珍集锦，传承民俗。

标识：

图 2.11　渠江论坛标识

时间：每两年六月。

内容：扬精神、研民俗、建基地、传非遗。

巴山蜀韵、曲乡新韵。民间文化是一切艺术之根，而广安是一个有着深厚民族文化底蕴的地方，因此，在传承研习中追寻一方水土滋养下的乡土文化独特魅力和永恒价值，是地方高职的文化使命。

（1）扬精神

主题：励志图强　奋发有为。

召开座谈会，弘扬广安"崇先仰圣、创业求新、坚韧求是、包容诚信"的城市精神，介绍广安日新月异的发展变化，了解一代代广安人励精图治、感恩奋进的奋斗历程，培养热爱广安，建设广安的认同感、归属感。（承办：宣传统战部）

（2）研民俗

主题：知宕渠民风　感乡音乡情。

邀请川东民俗文化专家走进校园作报告，介绍独具特色的川东文化，体验地域文化的温暖独特，感知乡土文化的淳朴美好。（承办：宣传统战部）

（3）建基地

主题：合作共建 资源共享。

与有识之士共建广安民俗博物馆，组织师生参观学习，了解广安的历史渊源，在比较中感受广安改革开放前后的城乡巨变。（承办：宣传统战部）

（4）传非遗

主题：传唱清音灯戏 研习竹丝画帘。

利用西部首个中国曲艺之乡——岳池的资源优势，组织师生参观非物质文化遗迹，学习传承清音等文化艺术；利用武胜省级非物质文化遗产竹丝画帘，组织师生研究、学习相关工艺。（承办：宣传统战部）

【典型举例】观摩、交流

组织学生了解竹丝画帘，学习传承技艺，实现弘扬非物质文化艺术遗产的目的。下为学生交流发言稿。

尊敬的各位艺术界前辈们、老师们、朋友们：

大家下午好！

我是广安职院艺术设计系的学生范林勇，很高兴今天能够代表艺术系同学在此和各位前辈一起探讨学习，交流关于竹丝画的绘画艺术带给我的感受，望前辈和老师多多指点。

首先我谈一下对竹丝画帘的认识，竹丝画帘已有一百余年历史，它采用慈竹竹线编织而成，质地柔软，如缎似绸，精美异常。

它集中国手工纺织和传统绘画技艺于一体，风格独特，成为四川省独具特色的传统手工艺品，被国内外人士誉为"精工画帘"。

"竹丝画帘"是在用竹丝织成的帘子上，采用中国传统绘画技法、民间手工刺绣工艺绣织而成的民间工艺美术品。竹丝画帘，薄如细布，光滑柔软，可卷可挂，秀雅宜人。作为厅堂陈设，可使之室内生辉；作为房门挂帘，可透清新空气。武胜的竹丝画帘可说是源远流长，并在总结前人经验的基础上，对竹帘上绘画的技法进行了改进和创新，将刺绣工艺融入竹帘画中，形成了绣画结合的工艺特色，绣绘出形神兼备、姿态万千的山水、花鸟、人物、走兽等，丰富了竹帘画的表现形式，使其更贴近时代、贴近生活。竹丝画帘运用手工工艺将竹子拉成细如头发的竹丝，用蚕丝作经线织成竹帘，细密光泽如绢绸，在上面绣画成人物、花鸟、走兽、山水等传统中国画。它融工艺与绘画于一体，以弘扬民族艺术为主题，由于它工艺精细、格调典雅，具有浓郁的地方特色和民族风味，所以具有很强的观赏性。随着竹丝画帘的技术、艺术水平不断提高，产品的种类也日益多样化，有竹丝绣画帘、竹帘水彩画、丝绣手绢、丝绣围巾、玻璃画等。作为外事礼品和馈赠亲朋好友的纪念品，深受国内民众和国际友人喜爱，产品行销国内外。

武胜丝竹画帘是映射着中国川东地区独特生活智慧和别致生活方式的艺术形式，受到了地方政府的大力支持。在纪念邓小平110周年诞辰、市级文化表演活动、专场演出、大型展厅背景音乐等，它都频频露面，屡现奇彩，而且它的雅致、圆润、讲究即兴却又兼具整体平衡的风格，也博得了社会各界的一致欣赏和赞誉。

总之，通过学习我收获很多，并从中得到了许多绘画的启示，我相信只要我们认真研习,竹丝画帘艺术一定会传承有序,一定能将武胜竹丝画帘打造成为川东民间艺术的一张名片。

(广安职业技术学院艺术设计系 范林勇)

以上五大文化节品牌活动的评比与总结工作由学工部和各系组织开展,旨在通过评比,查找问题,增添措施,创新方式和内容,为下一年活动有序开展积累经验。需要指出的是五大文化品牌活动仅仅是对日常文化活动的一次集中展示和汇报,其系统性和覆盖面还不能代表校园文化的全部,经常性的文化教育活动才是贯穿校园文化建设始终的重要内涵,其系统性和全局性会使它拥有更高远的思想,更丰富的平台,更多元的参与,更有利的辐射,更深远的影响。因此,由下至上的活动开展,全员自觉参与的文化建设,长效的文化机制创新才是校园文化持续推进的内动力。

三、物质文化建设(Ⅵ)

校园物质文化是一种显性的文化,遵循"大道至简"的审美原则,注重形式美,充满形而上。它追求简洁、干净、明快、清朗的格调,具有朴素、清新、隽永的特点,又兼具多彩与丰富,时尚与新潮的青春文化特征,是职业教育景观和职业文化景观的有机统一。它诠释和升华着学校的教育思想、审美情趣、行为准则,它厚载着具有学院特质的文化要素,它以一如既往的平和、威严,展示着学院的历史、积淀、风骨、精神。基于此,高职学院的建筑必须是厚重的,具有内敛、书卷、挺拔的特征;它通透旷远、清幽静谧,在物换星移中见证着学生的成长和学院的发展。

其格局集实用性、教育性、艺术性于一体，各美其美，相映成趣，是环境育人的物质基础。同时它又打上了深深的职教烙印，校内实训基地和仿真实训室特色鲜明，其比比皆是的职教文化符号支撑着学院的精气神。

广安职院居小平故里，毗邻渠江，远离闹市，背陵傍水，通透旷远，天朗气清。承接伟人恩泽，独享渠水灵气，外览山水之秀，内修人文之气，风度凝重，坚韧自信。渠江、白塔、广场有机统一，绿植、灵石、水景点缀其间。阳光柔和，微风轻拂，时光恬静，岁月静好。

基于 VI 理论的校园文化建设，通过视觉文化设计，规范学院的视觉识别系统，从校徽、色调、标准字到宣传资料、文化产品等都进行了规范性建设。学院主色调的确立、绿植与雕塑的设计、楼宇的命名等都融入学院的教育理念、办学特色和育人目标，一枝一叶都关情，体现了春风化雨、润物无声的作用和审美导向。

（一）校园概貌

以思源楼及小平广场、致远广场为中轴，明德楼、致用楼两两对峙，与春晖楼、稻香园相印，成一体两翼格局，其精心的设计，体现了由文化浸润而呈现的视觉映像，展示了现代建筑工程的力度美和结构美，庄严肃穆，气质含蓄，其使用功能与观瞻功能和谐统一，质朴而温暖。

思源楼挺拔别致，独显尊荣；明德楼、致用楼天圆地方的设计理念，端庄大气，充满思辨；春晖楼沐浴阳光，矗立江畔；别具一格的校门，取毓秀之美，寓意美好的自然环境培养优秀的人才。

小平广场融职教文化与红色文化于一体，宁静朗润，丰碑高矗，匠星闪烁。二八年华的小平意气风华，开勤工俭学先河，成职业教育先驱。匠人文化群雕，传达了古今中外的能工巧匠是技术精湛的引领者、职业操守的守护者和创新创造的开拓者讯息，表达了对能工巧匠的礼赞，彰显了三百六十行、行行出状元的崇德尚技的思想。

图 2.12 小平广场

致远广场着眼于建设特色校园景观和可持续发展趋势，坚持以人为本的生态设计思想，以"源"为设计理念，取饮水思源、水润人和之意，喻小平恩泽源远流长，泽被后世，莘莘学子思源致远、报效祖国。通过一轴、三廊、多点的构思，营造可游、可憩、可赏、可思的氛围，既梳理心情，沉淀心灵，又精巧而寓意深刻，在移步换景中，将学院历史、人文和地域文化抽象出的文化符号融铸其中，使学生在游憩、休闲时潜移默化地将校园文化融记于心，进而使学院文化得以传承。

一轴——一泓秀水，灵动潺潺，循环往复，心旷神怡。因水而润德，观水而思德。

三廊——由传统奇葩、民族瑰宝和川东艺珍文化墙形成的历史人文走廊，对宏观空间起着连接作用，体现了厚重的校园历史文脉。

多点——碑林慧语、书山、勤思林点缀广场，简约而传神，草长莺飞，让人流连忘返。

图 2.13 致远广场

（二）校园美景

菁菁校园，桃李竞芳。以文化工程建设为主的十大景点建设，是学院环境育人的重要载体，集人文底蕴、艺术情怀于一体，外显为校园物质文化载体，内化为对校园文化的礼赞；既积淀百年厚重历史，又升腾时代文化气息，隽永而沉静。它所蕴含的文化和审美，有厚度，有质感，以物质的再现，关注学生心灵，影响他们的个性发展、价值取向、思想品德的形成和生活方式的选择。

1. 校园十景

校园十景包括：

思源揽胜；　　　　　　小平丰碑；

毓秀中正；　　　　　　匠星闪耀；

水润人和；　　　　　　银杏葳蕤；

巾帼双娇；　　　　　　杏坛在望；

滨江景苑；　　　　　　小平您好。

景一：**思源揽胜**——思源楼是学院的地标建筑，它巍峨壮观。宝蓝色的玻璃墙幕大气通透，与蓝天白云相映成趣，取名思源是学院饮水思源、感恩奋进的精神写真。

图 2.14　思源揽胜（景一）

景二：**小平丰碑**——少年小平，意气风华，远渡重洋，勤工俭学。丰碑是学院主流价值观的生动诠释，追寻伟人足迹，践行职教伟业,彰显了职业教育精神追寻的高度。

图 2.15 小平丰碑(景二)

景三:**毓秀中正**——学院校门守望渠江,大气舒展,形似翻开之书,寓意开卷有益,学有所获,又神似中庸之"中",寓意中正平和,内敛包容。

图 2.16 毓秀中正(景三)

景四：**匠星闪耀**——成环形坐落的雕塑群和浮雕墙，聚古今中外能工巧匠及创造发明，共同构成独具特质的匠人文化内涵，发思祖之幽情，思学技之进步。

图 2.17　匠星闪耀（景四）

景五：**水润人和**——涵盖致远广场的所有景点，其中包括碑林慧语（邓小平经典语录为基本元素）、民族瑰宝、传统奇葩和川东异彩等景点，是学院着力打造又一文化亮点工程。

景六：**银杏葳蕤**——郁郁葱葱，华盖亭亭，枝叶交错，光阴斑驳。由挺拔的银杏所形成的景观大道，是学院一道亮丽的风景，它盎然的生命绿是职业教育蓬勃兴旺的象征。

图 2.18 水润人和（景五）

图 2.19 银杏葳蕤（景六）

景七：**巾帼双骄** —— 飒爽英姿，大义凛然，革命浪漫主义史诗小说《红岩》所塑造的传奇人物双枪老太婆血洒华蓥山的英雄壮举可歌可泣，其人物原型陈联诗、邓慧中均毕业于我院前身岳池师范学校。

图 2.20　巾帼双骄（景七）

景八：**杏坛在望** —— 相传杏坛为孔子讲学的地方，以此命名集学术报告，文艺展演为一体的学术殿堂，表达了广职人对先贤的礼敬。别具一格的圆体建筑，给工业感很强的方形建筑群增添了圆润与柔和，极具情韵。

图 2.21 杏坛在望（景八）

景九：**滨江景苑** —— 利用市政工程的景观资源，形成校内校外的景观呼应：学府广场，静谧朗润；林荫小道，清幽蜿蜒；四季繁花，草木葱茏，浑然一体，美不胜收。

图 2.22 滨江景苑（景九）

景十：**小平您好** —— 小平风采，高山仰止。在明媚的春光中，传唱着"春天的故事"，小平同志亲切地向我们走来，走向繁花似锦，万象更新的春天。

图 2.23　小平您好（景十）

2. 其他特色景点

齿轮石：成语里有坚如磐石，石头所特有的禀赋，象征了广职人肩负使命、负重前行、勇于担当的精神。汉语博大精深，它所表达的深刻内涵、睿智思想是砥砺青年学子的价值尺度和价值标准。

齿轮石原为打地基取出的弃石，机械化操作所形成的规则齿轮状，使它拥有了变废为宝的生命。坚韧的品质，硬朗的轮廓，让它有了工业文化的特质。它匍匐于实训车间的四周，坚毅而阳刚，承载着古人的思想智慧和文化精髓。镌刻如仁、义、礼、智、信、温、良、恭、俭、让、和、忠、真、勇、诚、朴、毅、精、健、博、善、美、恒、爱、慎、廉、洁、思、雅、实、严、孝、德、勤等文约义丰，言简意赅的汉字，在微言大义中，晓之以理导之以行。

图 2.24　齿轮石

双猫灯：由我院文化创意工作室根据"白猫黑猫，抓住老鼠就是好猫"设计，造型生动、可爱，蕴含了开启智慧之门，照亮学子人生的美好寓意。

图 2.25　双猫灯

(三) 楼宇路名释义

古语说，名不正，则言不顺。传统取名历来讲究音美上口悦耳，意美别具韵味，形美龙飞凤舞、气韵生动，尤以意美为重。纵观学院建筑，有楼、阁、园、苑，见其名，识其义。楼显大气，刚健伟岸，清旷超逸，用于教学及男舍使用。阁呈温婉，古有闺阁，待字闺中，柔美细腻，最宜女舍。因此，名不止是一种认知符号，还要体现民族哲学、价值观和审美追求，深刻而有寓意的名字还将深深停驻学生心灵，成为对青春美好岁月的追忆。

思源楼——崇先仰贤，思源致远。语出庾信《征调曲》"落其实者思其树，饮其流者怀其源"，取饮水思源、怀德感恩之意。

图 2.26　思源春晓（思源楼）

春晖楼——家国情，报春晖。语出孟郊《游子吟》"谁言寸草心，报得三春晖"，取感恩父母、报效祖国之意。

图 2.27 春晖煦暖（春晖楼）

明德楼——至善若水，明德向上。语出《礼记》"大学之道，在明明德"，取广博学问，弘扬光明之意。

图 2.28 明德晨曦（明德楼）

致用楼——躬身历练，致知力行。语出《朱熹文集》"大抵学问只有两途，致知、力行而已"，取学以致用、知行合一之意。

图 2.29 致用朝阳（致用楼）

九思楼——思则得之，不思则罔。语出《论语》"君子有九思：视思明，听思聪，色思温，貌思恭，言思忠，事思敬，疑思问，忿思难，见得思义"，取乐学善思、事理通融之意。

稻香园——天朗气清书声琅，诗新韵雅稻粱香。语出辛弃疾《夜行黄沙道中》"稻花香里说丰年，听取蛙声一片"，取稻麦黍菽香、诗书礼易乐之意。

雨润苑——语出杜甫《春夜喜雨》"随风潜入夜，润物细无声"，取春风化雨、勤育栋梁之意。

芳菲阁——语出"芳草碧连天，春色竞芳菲"，取桃李芬芳、争奇斗妍之意。

风华阁——语出"恰同学少年，风华正茂"，取青春焕发、风采动人之意。

兰蕙阁——语出"蕙质兰心",取娴静聪颖、品质高洁之意。

秀慧阁——语出"秀外慧中",取秀丽聪慧、内外兼修之意。

兰馨阁——语出"桂馥兰馨",取幽兰芳香、冰清玉洁之意。

玉成楼——语出"艰难困苦,玉汝于成",取欲成大器、须经磨炼之意。

思贤楼——语出"见贤思齐焉,见不贤而内自省也",取师法先贤,历练修养之意。

弘毅楼——语出"士不可以不弘毅,任重而道远",取勇于担当、励志图强之意。

杏坛路——语出"泗水文章昭日月,杏坛礼乐冠华夷",相传孔子杏坛设教,收弟子三千,授六艺之学,后杏坛成为兴教的象征。取儒雅敬德、才遍杏坛之意。

学海路——语出"书山有路勤为径,学海无涯苦作舟",取同游学海、探求真知之意。

(四)校花、校树及吉祥物

1. 校花——兰花

兰花高洁、淳朴、俊雅、贤德,为花中君子。孔子曰:"芷兰生于深林,不以无以不芳,君子修道立德,不为穷困而改。"空谷幽兰,高贵有节,谦谦君子,温和有礼。以兰花为校花,取其清远幽香、淡以明志,象征一室兰香,满园芬芳。

2. 校树——银杏

银杏是中国的特产,以其历史悠久而著称于世,是中国人文色彩最浓厚的树种，它挺拔茂盛，生机盎然，被誉为"东方的圣者"，象征幸福、健康、吉祥、和谐。银杏多果，象征桃李满天下；树干笔直，象征学子正直的品格；呈扇形对称的心形树叶，则象征美满、甜蜜。

3. 校园吉祥物——吉祥猫

猫温顺、可人，神态喜庆、顽皮，憨态可掬。凡人类聚居地都有其身影，它陪伴人类走过漫长的岁月，是人类的朋友。

（五）标准字及其他 VI 元素

1. 标准字——魏碑

魏碑上承汉隶传统，下启唐楷新风，为现代汉字的结体、笔法奠定了坚实的基础。康有为在《广艺舟双楫》中赞誉魏碑有十美：一曰魄力雄强，二曰气象浑穆，三曰笔法跳越，四曰点画峻厚，五曰意态奇逸，六曰精神飞动，七曰兴趣酣足，八曰骨法洞达，九曰结构天成，十曰血肉丰美。

2. 标准色

文化红胜火，渠水绿如蓝。

校园的色彩明丽而丰富，绚烂而缤纷，淡妆浓抹，相得益彰。

红色——象征革命文化，代表着校园文化建设的主流方向。广安是一座红色教育的重要城市，其红不仅是视觉上的火红和热烈，更是精神上的信仰和追求，它是学院文化建设一道亮丽底色。

绿色——象征青春文化和生态文化，它是生命的颜色，青春的倩影在渠江之畔尽情演绎，充满生机。它是园林式校园建设的理想色彩，郁郁葱葱，欣欣向荣。绿竹精神更是象征了广职人谦虚、坚韧的精神品质。

蓝色——象征技能文化，是一种清新永恒的苍穹本色，通透而深邃，具有广阔、沉静、洁净的特点。随着社会进步，又被赋予了科技和效率的内涵，与学院崇德尚技的精神相契合。

3. 校园宣传用语

校园宣传用语有：

思源 追寻 致远。

追寻小平足迹，求学伟人故里。

思源致远，感恩奋进。

致善若水，明德向上。

德技兼修，知行合一。

劳动光荣，创造伟大。

华蓥苍苍，渠水泱泱；小平故里，山高水长。

崇先仰贤，缅怀小平，砥砺奋进，感恩自强；思源致远，凝心聚力，众志成城，携手同创。

4. 校园礼仪服

校园礼仪服是学院价值观的外化，也体现学生对中华文化的自觉和自信。将"五四"青年装作为各类活动的礼仪装，它简洁朴素，清新可人，恬淡素雅，既蕴含中国服饰元素，又体现传统文化意蕴，集仪式感、庄严感于一体。改良旗袍，既具有民族特色，又融入现代韵味，端庄，温婉，恬静。如随季节变化，配以中式披肩，着装者则纤细动人，一颦一笑，皆别具古典韵味。

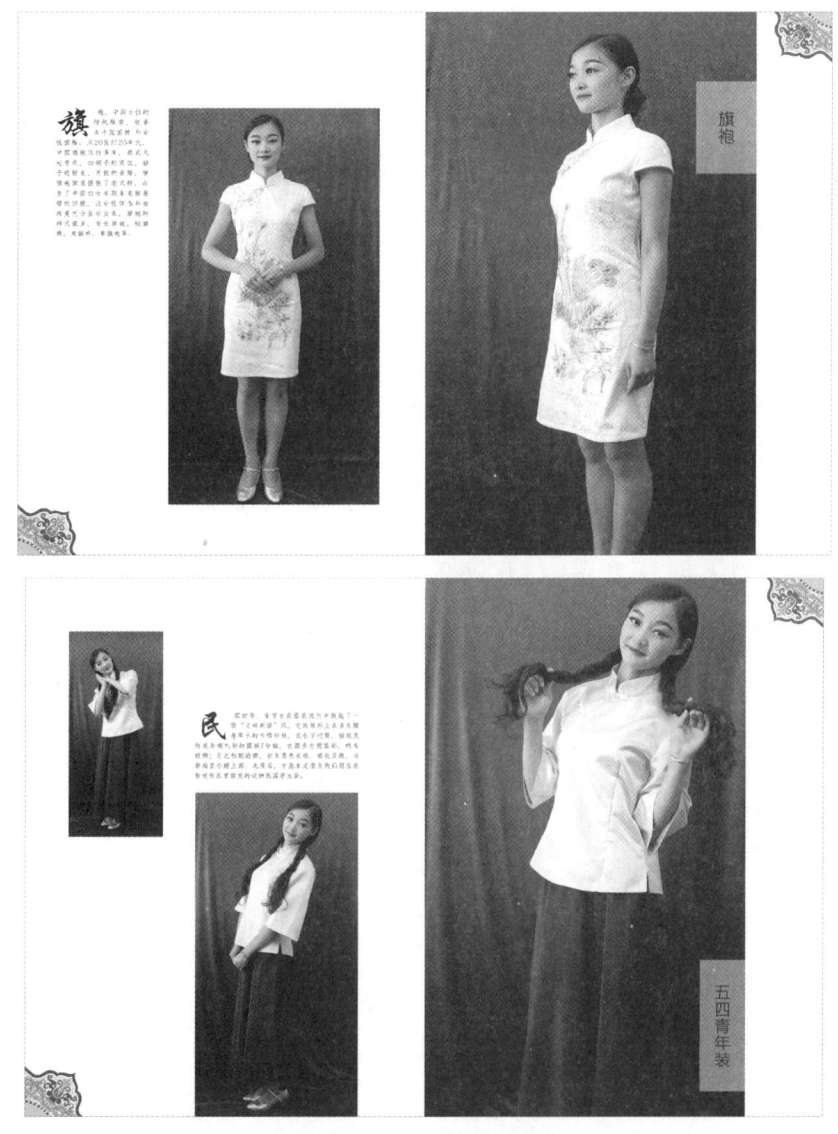

图 2.30 校园礼仪服

5. 校园文化创意产品

文化创意产品是学院文化的具体而微,是文化传播的载体,而文化则是校园产品的灵魂。挖掘学院在传承发展过程的文化基因和校园文化的精神品质及其价值内涵，并将这种抽象的文化意义与文化主题融合，创造出具有学院文化元素的系列文化意象，坚持与时俱进，充分洞察师生对文化产品的审美需求和文化消费主流，关注时尚，引领潮流，围绕大众创业，万众创新的时代主题，调动师生的创作积极性，通过文化产品创意设计比赛，把文化产品变为师生共享的文化资源和共有的文化财富，设计集教育、审美、时尚、实用、小巧玲珑、价廉物美于一体，具有思想性、艺术性、观赏性、趣味性、环保性、实用性的系列产品，以物铭志，养心寄情，观照师生思想与追求，实现师生对学院的文化认同。校园文化创意产品，不仅巩固扩大了校园文化宣传阵地，传播了学院价值观，也带着一种情感的延续，成为学生美好的青春纪念。校园文化产品作为学院的文化名片，其质朴、典雅将永远鞭策和温暖一代代学子。

【创意产品赏析】

折扇——扇面文化是传统文化与历史的积淀，充满了民族意蕴，是独具中国特色的文化符号，表现了古代文人的人文追求，是他们审美追求的具象化。古人有云：万里江山归一握。其扇面的雅，绘画的韵，书法的美，无不传递了传统文化的雅致品质。在今天，我们通过注入时代元素和校园特定的文化标识，增强了其观赏性；同时作为办公室重要的文化摆件，既可作为一道风景供人们观赏，又可实现对思源、追寻、致远校训的传播。

图 2.31 折扇

青花 U 盘——重视文化历史资源的运用,在设计上采用最具中国特色的青花元素,既传承传统,又融入当代意识,是现代实用器与传统文化元素的有机融合,显得古朴、素雅、时尚。

图 2.32 青花 U 盘

笔筒镇尺 —— 属于文房清供,用现代水晶工艺制作,铭以校训、校徽,在再现古人的雅趣的同时,又充满了时代气息。

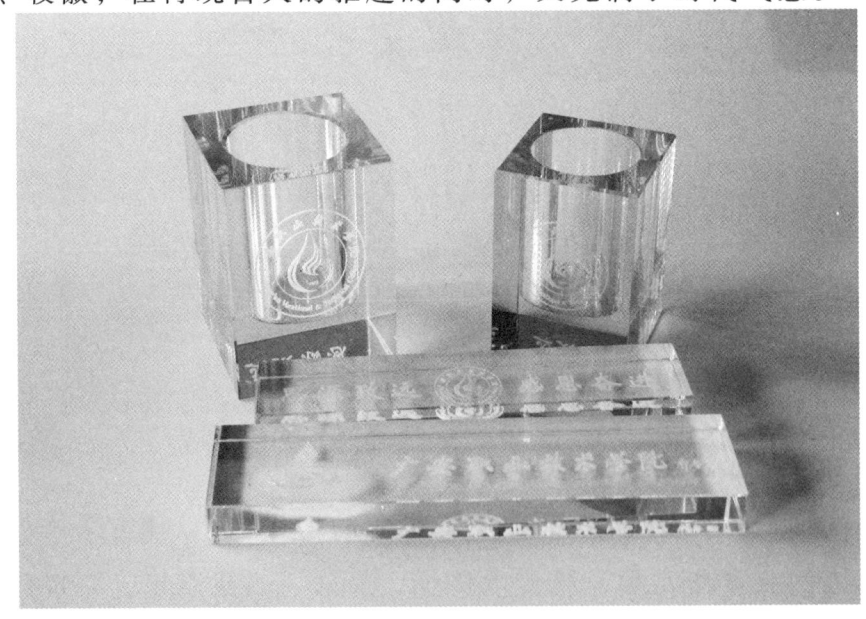

图 2.33 笔筒镇尺

横轴——传承书法艺术,再现书法之美,以小平语录及校名校训为内容,悬挂雅室,悦目而励志。

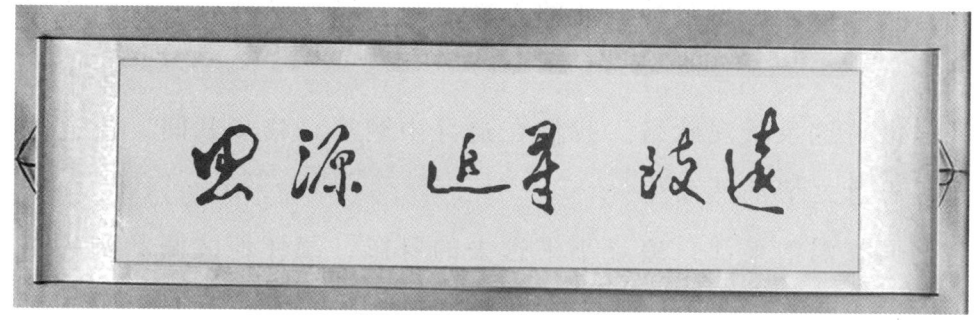

图 2.34 横轴

6. 校园解说词

中国传统美学的中轴线文化蕴含着深厚的民族智慧,是建筑设计的重要准则,对称美与秩序美中体现的整体美与和谐美,表达了对中华传统美学的传承与弘扬。鸟瞰校园,我们这样诠释:

图 2.35 校园鸟瞰图

广安职院的中轴线文化,由一体两翼的主体建筑构成,是学院的核心景观文化。它围绕追寻，从渠江、毓秀门、双猫灯、小平广场、水润人和水景、思源大楼和伟人铜像，无不融进了小平元素，以伟人思想精神设计的人文景观，涵养了校园文化的新高度。

沿着这条景观脉络，我们在追寻中溯源，移步其间，流连忘返，思念之情油然而生……

面临滔滔渠江，追寻小平远去的身影，缅怀他波澜壮阔的人生。

求索漫漫征途，追寻小平足迹，求学伟人故里，饮水思源，励志图强。

追寻，小平广场，二八年华勤工俭学的风采是永远的丰碑。

追寻，碑林慧语的睿智，闪耀着他思想的光芒。

在水润人和中追寻，一泓秀水，灵动潺潺，观水思源，怀德感恩。

斯郡物华蕴天宝，此处地灵生人杰。小平铜像，名家作品，镇校之宝，伟人风范，高山仰止，在春天的故事里，小平同志亲切地向我们走来，走向万象更新的春天……

第三章 高职校园文化理论初探

《邓小平文化观指导下的高职校园文化建设实践》

【内容提要】 邓小平文化观对高职校园文化建设具有重要的指导意义，尤其是"两个文明一起抓"的文化战略思想和"四有"新人的育人目标，为校园文化建设提供了发展方向、目标和思路。广安职业技术学院在邓小平文化观的指导下，通过"五元互动"的校园文化建设项目，践行着邓小平基本的文化建设思想。

【关键词】 邓小平文化观 "五元互动" 校园文化

一、邓小平文化观概述及其现实指导意义

邓小平在领导我国改革开放和社会主义现代化建设的实践中，提出了系统的文化发展战略思想，形成了科学的社会主义文化观，其"两个文明一起抓、两手抓、两手都要硬"[①]的战略思想，为建设中国特色社会主义先进文化指明了方向，影响深远，指导着改革开放以来面对多元价值观和市场经济转轨进程中的精

---

① 邓小平：《邓小平文选》（第三卷），人民出版社，1993年版。

神层面的建设。他高屋建瓴的文化观，其深刻的思想和高远的洞察力，一如既往地指引着当今中国正在进行的一场伟大的思想文化建设——社会主义核心价值观的培育和践行。即，吸取马克思主义理论精髓，弘扬中华民族传统文化，借鉴世界文明成果，立足于共同理想下的经济建设。他提出的培养的"四有"新人的育人目标，是社会主义文化建设的价值追求。十八大报告旗帜鲜明地提出了"推动社会主义精神文明和物质文明全面发展，建设面向现代化、面向世界、面向未来的，民族的科学的大众的社会主义文化"的宏伟构想，继承并丰富了邓小平的文化观，也是对邓小平文化观的落实和实践。

作为小平故里广安唯一的高校，如何践行邓小平文化观，如何打造具有浓厚职教色彩和独特性校园文化的氛围，是广安职院的责任，也是广职人发展的机遇。邓小平文化观，对高职校园文化建设具有具体而高远的指导意义。

小平同志指出："我们在建设具有中国特色社会主义社会时，一定要坚持发扬物质文明和精神文明，坚持五讲四美三热爱，教育全国人民做到有理想有道德有文化有纪律。"其实践指导性在于，校园文化建设要坚持立德树人，以提升学生素质为目标，当前是要以培育和践行社会主义核心价值观为价值取向，培养合格建设者和可靠接班人。

小平同志强调："我们要在建设高度物质文明的同时，提高全民族的科学文化水平，发展高尚的丰富多彩的文化生活，建设高度的社会主义精神文明。"其指导意义在于，校园文化建设要围绕经济社会发展，培养高素质的建设者，为精神文明建设作出积极贡献。

小平同志教导我们："所谓精神文明，不但是指教育、科学、文化，而且是指共产主义的思想、理想、信念、道德、纪律，革命的立场和原则，人与人的同志式关系，等等。"其指导意义在于，校园文化应具有科学性、开放性，吸纳各种有益的文化要素，构建具有内部一致性和对外独特性的校园文化体系。

广安职院遵循邓小平文化观的方向性指引，通过实施"五元互动"的校园文化建设，逐步形成了具有特色的精神文化品格。

二、"五元互动"的校园文化建设实践

（一）指导思想和主要目标

"五元互动"的校园文化建设秉承邓小平面向现代化、面向世界、面向未来的民族的科学的大众的文化观，以职业道德培养为目标，以社会主义核心价值体系教育为核心，以邓小平职教思想研究为特色，以提高人才培养质量为中心，通过"一核三维五元"的立体化建设，实现建设目标。

第一，提升学生职业素养和综合素质。通过个性化而统一的全方位立体化的文化体系的打造，不断提升学院文化品位，形成具有红色文化导向性、职教文化实践性、民族文化包容性、传统文化传承性、川东文化地域性等具有小平故里特色的高职校园文化，为青年学子精心营造精神成长的文化氛围，提升学生的职业素养和综合素质。

第二，提升学院文化服务能力。经过建设成果推广，辐射带

动广安及周边地区职业院校、中小学校园文化建设，发挥文化示范效应；将校园文化建设经验与理念向广安地方企业推介，提升企业文化品位和竞争力；使其成为川东地区发展中国特色社会主义先进文化的重要基地、示范区和辐射源，为欠发达地区和革命老区地方高职院校校园文化建设提供典型示范。

（二）主要内容

着力构建"一核三维五元"的特色鲜明的高职校园文化体系，即高举小平职业教育思想的大旗，以培育和践行社会主义核心价值观为核心，通过精神文化、制度文化和物质文化三维建设，打造"红色文化、职教文化、民族文化、传统文化和川东文化"五元特色，实现校园文化建设与专业建设深度融合，以红色文化激励人，以职教文化塑造人，以民族文化培养人，以传统文化熏陶人，以川东文化影响人，促进学院精神文化品格的塑造。

1. 红色文化 —— 崇先仰贤，思源致远

红色文化是一种最具鲜明中国特点的文化形态，是先进文化的重要组成部分，具有鲜明的时代性、人民性和丰富性，因此，挖掘和利用红色文化独特的价值和教育功能意义重大。积极弘扬"五四"以来革命文化传统，弘扬以非物质形态呈现的革命精神，诸如井冈山精神、延安精神、雷锋精神等，激励学生自强不息、克难攻坚。重点开展本土红色文化的学习和教育，红色文化是广安最具比较优势的文化资源，通过革命英烈、革命精神、红色景点等呈现的文化意蕴，特别是通过小平波澜壮阔的战斗人生和华

蓥山游击队的英雄壮举,缅怀前辈丰功,继承先烈遗志,实现引领主流价值的人、事、物、魂的思想感召和教化作用,培养学生高尚的道德情操。

2. 职教文化——问道明理,修文强技

邓小平是职业教育的受益者、倡导者与践行者,不仅具有接受职业教育的背景,而且改变其一生命运的赴法勤工俭学为他日后教育思想的形成奠定了坚实的实践基础。他"教育必须同国民经济发展要求相适应""要坚持两条腿走路"的职教思想影响深远,是马克思主义教育理论在当代中国的新发展。如今,职业教育的欣欣向荣,雄辩地证明了小平思想的英明。职教文化形态集质量文化、诚信文化、创新文化、责任文化、品牌文化、节俭文化、创业文化于一体,将行业企业与校园文化有机融合,坚持工学交融,驱动学生自主发展能力;坚持校企共育,引领学生遵规守则;坚持学用对接,拓展学生服务社会和创新创造的能力。按照劳动者所需的从业技能和正确的价值观,培养学生遵纪守规、诚实守信、勇于创新、团结协作等高素质劳动者所必备的品质。

3. 民族文化——多元一体,包容和谐

小平同志指出:"我国各兄弟民族经过民主改革和社会主义建设,早已陆续走上社会主义道路,组成了社会主义的团结友爱、互助合作的新型民族关系。"民族团结是一个国家凝聚力的重要标志,民族文化是一个民族精神力量的体现。通过建设友爱、互助、合作的新型民族关系,遵循各民族共同团结奋斗、共同繁荣发展的主题,培养学生尚和合、求大同的包容意识,学会善待差异,顺应接受，共同成长。

4. 传统文化 —— 博采众长，弘扬文明

习近平同志曾说："中华优秀传统文化已经成为中华民族的基因，根植在中国人内心，潜移默化影响着中国人的思维方式和行为方式"，它是社会主义核心价值观的重要来源。小平同志指出："我国古代的和外国的文艺作品、表演艺术中一切进步的和优秀的东西，都应当学习和借鉴"。因此牢牢把握优秀传统文化的价值目标，让学生在对传统美德、经典学习的礼敬中吸取先贤的智慧精华，感悟文明和文化的博大精深，充分发挥它怡情养志、涵育文明的重要作用，加强对传统文化思想价值的挖掘，讲仁爱，重民本，守诚信，崇正义，尚和合，求大同，引领学生领悟优秀传统文化精华，感悟优秀传统文化魅力，接受优秀传统文化洗礼，主动认可，自觉践行。

5. 川东文化 —— 汇珍集锦，传承民俗

我们知道，越是民族的越是世界的。小平同志指出："一定要把广安建设好。"谆谆嘱托，任重道远。广安作为形成川东文化的重要地区，聚巴文化与蜀文化精华，形成了独具特质的渠江文化、嘉陵江文化以及打上农耕文明烙印的农家文化。以中国曲艺之乡为代表的岳池，拥有众多的非物质文化，戏剧家吴雪、翻译家罗玉君、鉴赏家杨红恺、版画家刘旷等星光熠熠，灯戏、清音、莲响等异彩纷呈；岳池农家文化节，华蓥山"幺妹节"，武胜嘉陵江国际龙舟节，享誉巴蜀大地。全面挖掘川东地方文化内涵，利用师资优势，结合专业建设，加强与地方曲艺团队的合作，积极实

践国家保护非物质文化遗产的战略思想。

(三) 特色

1. 理论的科学性与思路的互动性

借鉴企业品牌建设之形象识别理论，即 CI 策划理论，将其子系统理念识别（MI）、行为识别（BI）、视觉识别（VI）理论积极导入校园文化建设，对应推进校园精神文化、制度文化和物质文化建设，将学校办学理念、价值取向、行为准则以及承载于校园环境的文化元素有效地传达给广大学子，并为其感知、认同，发挥校园文化升华境界、凝心聚力的积极作用，使校园文化建设具有科学性。

借鉴理念识别（MI），包括企业精神、价值理念等，来建设校园文化中的精神文化。它表现在办学理念、校风、校训、教风、学风等学院顶层设计所体现的、有着本校鲜明特色的核心价值体系之中。广安职院围绕培养高素质高技能人才目标，立足办学实际与自身特征，凝聚了"思源 追寻 致远"的校训和"德技兼修"的办学理念，使之成为广大师生的精神灯塔和文化血脉。同时，围绕校园精神，用 CI 理论指导班级文化建设，通过班训、班规、班徽、班旗的提炼和设计，让文化穿越学生心灵，达到既有共性的精神引领，又有个性的文化追求，从而使校园文化异彩纷呈。

借鉴行为识别（BI），即企业理念具体化的措施和行为方式，来建设校园文化中的制度文化。广安职院坚持知情意行相统一原则，立足学情，建章立制，以养成教育为抓手，注重与职业特质、行为规范的衔接；以基于工作过程所需的职业素养培训为重点，以文化的力量矫正行为的偏差，形成学生职业所需的良好禀性，做到以文化人和以规育人相辅相成，让好制度释放出引领、规范、激励的作用。

借鉴视觉识别（VI），即以视觉符号将企业精神和价值观念传达，获得消费者的识别和认知，来建设校园文化中的物质文化。广安职院将学校形象识别系统的基本要素包括标准色、标准字、象征图案、宣传口号、标语等，以及应用要素包括建筑物外观、交通工具、室内装饰以及开发的具有学校象征元素的文化产品，如校徽、办公设备、宣传用品及学生日常用品等，都进行统一的规划和设计，彰显学院的教育思想和育人目标，无声地传达学院的价值取向和人文情怀。

为全面系统推进学院校园文化建设，采取多元互动的建设思路，具体表现为：（1）建设主体互动，包括校内建设主体互动和校内主体与校外主体联动。（2）建设目标互动，在空间层面上实行学院、教学系和教学班三级校园文化建设目标互动，在时间阶段上，坚持近期目标、中期目标与远期目标互动。（3）建设内容互动，又分为三个方面：一是精神文化、物质文化和制度文化三维互动，二是校园文化建设与专业建设深度融合，三是校园红色文化、职教文化、民族文化、传统文化和川东文化"五元互动"。

2. 对外的独特性与对内的同一性

CI 理论指导下的校园文化体系具有如下两个特征：学校文化

的识别性,即学校区别于其他同类的个性化特征;学校个性化特征具有完备的统一性,共同表达学校的识别性。强调从学校的办学理念到精神文化,从师生的个体行为到学院对外传播活动,从学院的视觉识别的基础要素到所有应用要素等予以整合、规划,建构具有高度统一性、独特性和可识别性的校园文化识别系统,以有利于树立起完整统一而又极富个性的学校形象,并通过对学校内部和外部的一致传播,促进学校内部师生和外部人员对学校的办学理念的全面认同,进而达成提升学校的社会地位,增进学校办学业绩的目的。

3. 建设内容的系统性和地域性

"一核三维五元"建设内容具有系统性,通过融入红色文化、职教文化、民族文化、传统文化、川东文化五大元素,从精神文化、制度文化、物质文化三个维度,形成五大文化品牌,完成十项校园文化建设工程,整个内容体系宏大而又丰富,涉及众多领域和环节,将文化要素渗透进学院每个细微之处,立体营造具有个性化和高度统一性的校园文化氛围。

"五元互动"的校园文化具有强烈的地域性。它充分挖掘广安地域文化特色,注重小平思想的研究传播,将广安优秀的地域文化有机融入校园文化建设,吸取精华,补充并丰富校园文化的内涵,避免了校园文化千校一面的同质化倾向。通过对优秀地域文化的传承、学习,在弘扬传播中,增强青年一代对广安的依恋感、认同感和归属感,激发他们服务地方、奉献青春的激情。

三、结束语

邓小平文化观指引下的社会主义核心价值观的培育和践行以及他提出的"四有"新人的育人目标，是校园文化建设的核心和价值取向。广安职业技术学院秉承邓小平文化观，贴近高职学生的思想共鸣点和关注点，在CI理论科学指导下，积极培育和践行社会主义核心价值观，有的放矢，在一系列生动而丰富，多彩而充满正能量的极具教育的系列活动中，让学生感知和感悟核心价值观，在学习思考和判断中，让核心价值观内化为精神追求，外化为实际行动。

此文是对省级示范性建设项目《"五元互动"的校园文化建设》的中期总结，后经项目组同仁共同修改，以《"多元互动"建设高职校园文化》一文发表于《中国教育报》。

《〈论语〉的智慧
——浅谈高职教育校园精神》

习近平总书记曾强调："中华文化积淀着中华民族最深沉的精神追求，中华传统文化是中华民族的突出优势。"在高举民族精神和时代精神两面大旗的今天，顺应时代要求，不懈地探索高等教育的新类型——中国式高等职业教育可持续发展的路径，可谓意义深远。

穿越历史，守候生命，在漫长的教育实践中，我们时时感受着先哲思想的指引，如今立德树人思想的确立，高等教育大众化的现状，校企合作与理实一体的发展趋势，无不与先圣们德教为先、有教无类、躬体力行的教育思想一脉相承。基于此，本文将通过中华民族的教育智慧——《论语》，溯源追宗，通过重温儒家思想代表孔子的教育观和实践观，探索中国职业教育的发展道路，用科学扬弃的态度，围绕独特的文化传统和独特的基本国情，探索并总结中国高职的校园精神。

一、立德修身的伦理规范

梁实秋说："孔子的思想是代表一个理性的社会秩序，以伦理为方法，以个人修养为本，以道德为思政之基础，以个人正心修身为政治修明之根柢"。不难看出，孔子强调立德为做人之本。他曾说："志于道，据于德，依于仁，游于艺。"①又说："骥不称其力，称其德也。"孔子主张见贤思齐，见不贤而内自省，旨在通过品德修养的历练，提升道德品质。

（1）弘毅负重的意志品质。孔子曾说："刚毅木讷近乎仁。"从其一生的际遇可知，他周游列国，不懈地宣传自己的政治主张，虽屡陷困顿，但都始终以坚强的意志品质，坚持坚守，不言放弃。他告诫学生，"三军可夺帅也，匹夫不可夺志""士不可以不弘毅，任重而道远"，其大丈夫的铮铮铁骨跃然而出。

高职教育作为一个新型的教育类型，发展历史短，肩负责任重，注定会创业艰难、举步维艰，这无疑是一种挑战。如何在世界经济大潮中，自力更生，奋发图强，有为有位，创造性地开展工作，既注重规模壮大，又注重内涵建设，以钢铁般的意志应对不同挑战，在克难攻坚中顺势而上，刚毅刚强的集体人格尤为重要。由此对学生潜移默化的影响是，首先高职发展的历史就是一部从无到有、从小到大的创业史。一代代学生见证了建设学院的艰难困苦，其自强不息的精神，发展中的坚持、坚守、坚强，无疑是一部最好的言传身教教材。其次重视非智力因素的培养，尤其重视学生刚毅人格的培养，通过理论课的挫折教育，实训课的意志磨炼，教导学生在物质相对富足的今天更需弘毅，否则会是"枨也欲，焉得刚"，导致事业受阻，一事无成。

---

① 唯韬：《论语通译》，延边人民出版社，2005年版。本文关于孔子的言论均引自此书。

（2）遵纪守规的规则意识。孔子在回答颜渊关于何为仁的问题时，态度鲜明地说，"克己复礼为仁，一旦克己复礼，天下归仁焉"；继而又强调说，"非礼勿视，非礼勿听，非礼勿言，非礼勿动"。即是要约束自己，使自己的视、听、言、行都符合礼制，遵守法纪、规则和规范。并从两方面指出逾矩的利弊，"其身正，不令而行；其身不正，虽令不从。"

随着社会文明的进步，管理已从粗放式逐步过渡到精细化，其职业规范、行业标准等一系列标准化建设要求应运而生，即所谓"无以规矩，不成方圆"。高职教育除自身的身正为范，始终铭记党的办学方针，坚持正确的办学方向，还应加强对学生的纪律、规范教育。特别是通过仿真实训和现实职场的实习，让学生学习、遵循劳动纪律和行为规范，牢记孔子"不能正其身，如正人何"，不逾矩，恪守规范。

（3）见利思义的克己胸襟。孔子历来主张"见利思义，见危授命"的利义观，指出"君子喻于义，小人喻于利"，表达了"不义而富贵，于我如浮云"的高尚境界，以及"富与贵，是人之所欲也，不以其道得之，不出也"的可贵品质，并一针见血地指出"见小利则大事不成"。

从事业单位的类型划分看，高职院校属于公益性事业单位，这种类型定位决定了高职特别是公办高职院校的使命。在投入机制充分保障的情况下，高职管理者们应冷静分析所面临的社会现状，不为物欲所弊，坚定不移地围绕自己的办学方向和定位，坚持为现代化建设和为人民服务，勇担使命，坚守本分，规范办学，通过营造风清气正的育人环境，在正能量的传递中培养学生廉洁奉公、以义制利的道德情操。

（4）忠信笃敬的职业操守。在论语中，孔子多次谈到诚信对人格修养的重要性，他说，"人而无信，不知其可"；又说，"言忠信，行笃敬"。强调说话要真诚守信，做事须厚道谨慎，他自己更是从四个方面教导学生，即文行忠信。忠信作为中华民族千百年来传承的优秀传统，也是当今时代弘扬的宝贵品质。十八大报告就提出了爱国、敬业、诚信、友善的道德建设标准，同时还强调要加强政务诚信、商务诚信、社会诚信和司法公信建设。因此，高职院校的诚信办学，为社会所关注，事关学院发展的品质。高职学生的诚信教育，不可或缺，事关未来建设者的从业素质。

（5）只争朝夕的工作作风。《论语》中曾有这样形象而生动的描述："子在川上曰：逝者如斯夫，不舍昼夜。"这蕴含深刻哲理思辨的佳句，表达了孔子时不我待的惜时精神。他又语重心长地说，"往者不可谏，来着犹可追"，启迪我们要有机遇意识，乘势而为。高职教育在短时间内纷纷从中专学校华丽转身，迅速崛起，并逐步得到社会、家长、学生的认同，无疑凝聚了全体高职人励志图强的决心和真抓实干的精神。当完成了其初级阶段的任务后，如何使它在内涵建设上有序推进，仍是高职在发展中应高度重视的关键问题。逝者如斯，站在新的起点上，总结过去，直面现实，憧憬未来，在规范和内涵的双重要求下，高职教育唯有以"只争朝夕"的精神，刻不容缓的态度，投入时代的洪流中，探索创新，奋起直追，走出一条独具中国特色的高职发展教育道路。进而将这种工作作风言传身教给每名学生，使之树立紧迫意识，雷厉风行地投身火热的建设之中。

二、有教无类的平等情怀

十八大报告积极倡导自由、平等、公正、法制，提出了要大力促进教育公平，推动农民工子女平等接受教育的宏伟计划。如雨后春笋般涌现的高等职业教育，已占据高等教育的半壁江山，有力地推动了高等教育从精英教育迈向大众化教育的进程。它所承担的大众化教育重任，传承了两千多年前就倡导的平民教育思想。可以说，倡导有教无类的孔子是中国大众化教育的鼻祖，他杏坛讲学，不论贵贱，广收学子，才有了门徒三千的佳话流传和贤者七十二的星光灿烂。时光荏苒，物换星移，面对高等教育的大众化时代，围绕扩大了的社会基础和不同层次的人力资源，高职教育如何按照对各类人员平均对待、施以教育的平民教育思想，如何培养数以亿计的高素质劳动者和数以千万计的高技能人才，任重道远。因此，坚持教育为现代化建设服务的方向，实现普通百姓学有所教的理想，高职教育就必须坚持开门办学的思路，结合中国国情，积极探索，紧扣为地方经济建设服务的宗旨，结合生产、管理一线实际，科学合理设置专业。特别要围绕中国特色的新型工业化、信息化、城镇化、农业现代化道路，根据劳动者素质提高，设计人才培养方案，为中小城市、小城镇产业发展及公共服务，培养高素质高技能人才。要求高职院校要牢牢把握转方式、调结构的大环境和大机遇，通过校企深度合作，做城镇化进程中人的素质提升的推手。围绕解决城乡二元矛盾，以人的城镇化为核心，着力促进人的市民化；在推进城镇化和农业现代化的过程中，让广大农民平等参与现代化进程，通过融入城市，实现从农民到市民的思想观念的转变,从农耕者到合格建设者的能力水平的提升。

三、取验务实的求真精神

从孔子的思想发展看,他非常重视实践学习,主张做身体力行的君子。他说:"有鄙夫问于我,空空如也,我叩其两端而竭焉。"由此可知,实践出真知的道理。通过"叩其两端",了解事情的来龙去脉,进而全部掌握,这种务实的思想,对今天的职业教育的影响依然明显。其一,"知之为知之"的求真态度。樊迟请学稼,孔子说:"吾不如老农,请学为圃,曰吾不如老圃。"他又说:"俎豆之事,则尝闻之矣,军旅之事,未之学也。"时至今日,职业教育的专业化特点愈来愈细,实践性要求愈来愈强,不懂装懂,装腔作势均会贻误事业。其二,学以致用,注重实用的务实精神。子曰:"诵《诗》三百,授之以政,不达;使于四方,不能专对;虽多,亦奚以为?"他崇尚做一个躬行君子,主张将书本知识与社会实践结合起来,将书本知识与社会需要结合起来。其三,不言过其实的求实品质,孔子说:"其言之不怍,则为之也难。"他认为如果说大话大言不惭,那么做实事就一定很难,强调"君子耻其言而过其行"。总之,这种取验务实、注重实践的态度正是今天高职教育所追寻的。

四、游艺习技的价值取向

高职教育历来强调实训实践的重要作用,坚持以培养技艺为育人重点，因此，其顶层设计中均有尚技、精技的要素设计，致力于学生学技术、长技能正是它异军突起、可持续发展的重要法宝。结合《论语》的学习，我们得到的启迪是：首先，孔子曾说"游于艺"，鼓励学生要掌握生存的一技之长才能立足社会。其次，要术业有专攻。子曰"吾何执？执御乎？执射乎？吾执御乎"，强调通过不断的创新和突破，做到技能各有专研和擅长。再次，要一专多能。子曰"吾少也贱，故多能鄙事。君子多乎哉，不多也"，强调技多不压身。又说"君子不器"，要求君子不能仅有一才一艺，要注重全面发展，提高综合素质。孔子在评价冉求时说："求也艺，于从政乎何有？"讲的就是多才多艺，工作就能得心应手。这对我们的启示是高职教育要重视学生获取某一职业或职业群所需的实际能力，这既是高职发展壮大的法宝，更是创新型国家对建设者融会贯通、一专多能的时代要求。

《美利坚百科全书》曾这样评价孔子："假如说世界上存在永恒真理的话，中国人是在孔子的学说中去探求发现的。中国的人生之道和社会道德规范，显示了这种可称之为理想主义的人道主义的造型力量。"正是沿着孔子学说的指引和对其教育思想的不懈探索，才迎来了今天中国职业教育的蓬勃发展和欣欣向荣的春天。孔子学说的这种造型力量构建了今天中国职业教育的精神内核，可以说孔子博大的教育思想是中国式职业教育思想的精神骨架，它深远而持久的影响将会激励一代又一代职教人，秉承德教为先的思想，坚持公平、正义、弘毅、守法、务实、尚技，快马加鞭，只争朝夕，为中国职业教育这项朝阳事业再立新功。

在大学化进程中，现代职业教育如何继承和发扬传统教育思想，对高职人是一个全新的课题。此文仅是笔者读《论语》后的感悟。

——笔者 2013 年 1 月于春晖楼

《时时勤拂拭，莫使惹尘埃
——基于6S理论的高职廉洁文化教育探索》

古人云："不受曰廉，不污曰洁"。廉洁文化教育作为高职学生走向职业生涯前道德教育的政治必修课和岗前培训，对其正确的人生观、世界观、价值观形成，有着重要的作用。因此，高职学生作为"新四化"建设主力军，公职人员的后备力量以及未来的新市民，其价值取向关系着民族的兴衰和国家的兴盛。培养和牢固树立他们崇廉尚洁的意识，通过精神引领和思想升华，在修身、践行中培养他们廉洁的操守，使之成其为人生坐标的重要支点，意义不言而喻。

最近，中共中央提出了"照镜子、正衣冠、洗洗澡、治治病"的群众路线教育实践工作总要求，旨在通过此举，提高广大党员干部自我净化、自我完善、自我革新、自我提高的能力。基于此，本文试图通过由此及彼的思路，针对未来建设者——高职学生的人格养成，通过他们熟悉的管理文化——6S管理理念[①]，借鉴运用他山石的原理，将企业文化与廉洁文化教育有机结合，形成合力，通过一系列具有自洁功能的正强化，以期实现心正身修的育

---

① 6S指整理、整顿、清扫、清洁、素养、安全六个环节。

人效果和崇廉尚洁的价值引导，增强防腐拒变的"免疫力"，最终实现让廉洁成为高职学生价值认同和价值遵循。

一、他山之石，可以攻玉

6S理论作为现代企业一种行之有效的管理法宝，被广泛地运用与企业实践，通过整理、整顿、清扫、清洁、素养、安全6个环节，实现了场物的明朗化，工作的标准化，行为的规范化。它通过价值观和方法论的引导，注重提高劳动者的责任心和规则意识，以实现安全目标和人的素质全面提升。纵观6个环节，各有侧重：整理重在区分需要品和不需要品，提倡保留有价值的东西和不持有的理念，学会舍弃；整顿侧重于通过定点定位，规范放置，以及一目了然的标识提醒，实现找寻目标一步到位、少走弯路的效果；清扫则是重在清扫工作环境，以反复的打扫和不停地发现、整改问题，防止污染的发生；清洁则是制度化、规范化、标准化的过程，重在干净环境的保持和巩固；素养作为6S的核心，它强调的是调动人的主观能动性，形成劳动者自觉遵守规则的习惯，并将习惯固化，最终成为一种自觉遵守的信念；安全则是一切工作的出发点和落脚点，用问题的眼光通过不断地自查和排危，防微杜渐，消除隐患，确保工作目标的圆满实现。总之，实现6S的过程即是自洁和规范的过程，它始终关注的是通过治多、治乱、治脏，期待在反复的自我洁净中，养成习惯，提升素质，这正好与高职生廉洁教育的实施过程和培养目标相契合。

二、取类比象，因材施教

高职生的廉洁文化教育如何避免空洞说教而可学易学，6S管理理论提供了可操作的理论切入点。依据因材施教和循循善诱原则，首先进行学情分析。经分析不难发现，高职生的共同特征是思想单纯、包容善良、热爱劳动、善于合作、集体荣誉感强，但学习方法欠佳，基础不牢，行为养成有待提高；同时还发现，其非智力因素，自我社会定位和自我动手能力并不逊于本科生。其次进行学习过程和成长环境分析。高职院校一直坚持的校企合作和工学结合的模式，使其培养对象长期置身于企业化的仿真环境和真实的工作环境之中，其实习实训过程始终受着企业文化的熏陶，潜移默化地培养他们团结协作、负责忠诚、勤廉敬业、契约诚信、恪守规则的职业意识。诸如6S理论中对操作规程、安全警示、管理制度、工艺流程展示、着装规范以及导示系统与紧急疏散安全图等，无不影响着他们的行为规范和职业素养的形成。因此，结合高职生的专业特点和成长规律，6S理论无疑为我们有的放矢开展廉洁教育提供了一个科学的理论支撑。

用取类比象的方法探究廉洁教育与6S理论的关联点，使学生在未入职前学会思想上判断，行动上明辨，树立灵魂的红绿灯，始终让廉洁成为其一生追求的人格目标。古人云："身是菩提树，心如明镜台。时时勤拂拭，莫使惹尘埃。"古人经常性地修身自律、存正祛邪，与现代的以问题为导向、用以发现和分析问题，最终解决问题的 6S 理论相接驳。因此，用取类比象的方法探索在 6S 理论指导下的高职院校廉洁文化教育具有可操作性。

整理的过程，就是教会学生用正确的价值观，学会判断，懂得取舍。在多元思想的影响下，面对纷繁复杂的观念、文化和多种诱惑，通过内心的修炼，学会辨别，明白事理。用现代提倡的不持有的生活态度加强意识形态的引导和管理，清除杂念，轻装上阵。执著地保留有需品——符合人生追求的道德目标，道德人格以及责任、正义、清廉、节俭等，聚合正能量，不失内心信念和原则的坚守，实现见理明而不妄取的自律境界。同时抛弃制约前行的不需品，慎思慎独，自觉清除心灵深处于道德相悖的不洁因素，诸如贪欲、利己、见利忘义等，秉承古人反躬自省，"吾日三省吾身"的思想，自重、自省、自警、自励，时时清理成为负担、阻碍前行的欲望，自我约束、自我克制，自觉弘扬中华民族传统中以义制利清廉有为的精神，审时度势、见微知著，不贪得、不受污，在激浊扬清中增强价值判断力。

传统蒙学教材《弟子规》在谈到养成良好习惯时说"置冠服，有定位，勿乱顿，致污秽"，正好与整顿的内容相吻合。所谓整顿的过程就是掌握方法论，其要义有二：一是定位，二是提醒。定位是指树立规则意识，不越位，即古人强调的"君子思不出其位，德不逾闲"。像物品必须定点放置一样，做到在思想上不放纵、不逾矩，恪守规范，即用党纪国纪和道德约束自己，以形成内在的"定力"，在制度、法则框架下立身行事。提醒是指对照准则，常照镜子，找到差距，像醒目的物品标识一样，营造清廉文化的氛围，时刻绷紧廉洁自律的弦，通过正面廉洁典型的学习，见贤思齐；通过反面不洁行为的警示，见不贤而内自省。所谓"以人为镜，可以明得失"，要时刻警醒自己，勇于正视自己的缺点和不足，整理仪容，树立形象，培养遵纪守法的定制思维，常敲敬畏法纪的长鸣之钟。

清扫即是教会学生干事创业的责任心，关心和爱护物品，发现物品问题，及时检点修复。这一过程，就像母亲给婴儿洗澡一样，既要清洁，更重要的是在清洁的过程中发现孩子身体的问题，迅速处理，以确保其健康成长。这给我们的启示是，廉洁教育重在通过正面教育引导，让学生时时检查自己的修为，用问题导向的方式——即批评与自我批评，正视缺点，对思想行为上的积弊主动大排查、大扫除。正如毛泽东同志强调的那样："我们同志的思想，我们党的工作，也会沾染灰尘的，也应该打扫和洗涤。"近日，习近平同志指出，批评与自我批评是清除党内政治灰尘和政治微生物的重要武器。因此，将批评与自我批评作为防身治病的手段，用洗洗澡的方式，发现问题，清身洁体，洗涤灵魂，清扫欲望，方能行止有度。

清洁本指在重复不断的整理、整顿、清扫后应有的状态，即保持经常性的美观状态。由此及彼，廉洁教育就是通过反复的正能力传递，经常性地教育提醒，自觉的反躬自省，时刻的内心修炼，实现清廉价值观的传递与渗透。通过思想灵魂的洗礼，与学生内心天成的积极向上、崇廉尚洁的禀赋相融合，将不断地清扫思想垃圾变成一种自觉行动，通过审问、慎思、明辨、笃行，最终内化成一种健康的人格和符合核心价值观的人生态度。

在此前提下，上好高职学生廉洁教育课，帮助他们能动地清扫思想灰尘，去污除菌，始终保持慎终如初的状态，以良好的素养进入职场，为他们克己修身，懂得敬畏，守住底线，以浩然之气保持尚廉操守打下坚实的思想基础。

三、以立为主，崇廉尚洁

我们知道，理论是行动的先导。如何在科学的 6S 理论指导下开展廉洁文化教育，需要育人者创新方式、大胆探索。其一，教会学生围绕社会主义核心价值体系，用正确的道德判断，形成有正能量的道德追求进行价值导向，即先"立"。其二，应掌握好分寸，学会"破"。教育实践证明，对于人生观、世界观、价值观正在形成的高职学生，课堂上不宜过多地通过反腐警示教育去针砭时弊，以避免学生产生在社会认知和价值判断方面的偏差，而应通过丰富多彩的形式，在"立"上下工夫，从广义上挖掘"廉"的内涵，并给予恰当的把握，这考验着施教者的责任感。当然，高职院校也不是象牙塔，高职学生同样是社会的细胞，其对社会现状的分析，对违法成本的认识，是需要在成长的历练中和职场的实践中来作冷静研判、客观分析的；让其在义利取舍中和法纪的守悖里，学会判断，学会坚守，形成良好素养。其三，中华廉洁文化教育内涵丰富，博大精深，它涵盖清廉、义利、节俭、诚信、责任等诸多内容，因此，在廉洁教育的实践中，必须自觉探索学生喜闻乐见的教育形式，避免坐而论道。

总之，廉洁思想的形成，道德修养的提高，绝非一日之功，只有坚持不懈地抓好思想道德建设，持之以恒地进行系统而经常化的廉洁教育，在学生入职前打上廉而洁的深深烙印，并点亮他们心中的明灯，久久为功，方可实现入职后廉而正的公仆情怀，自觉践行"政者，正也"的古训，做到以知促行，以行促知，知行合一，真正成为中国特色社会主义建设的可靠接班人。

2013年以来，广安市纪委开展了廉洁文化进校园系列活动，配合其开展的"广土安辑"工程，结合6S企业管理理论的学习，在触类旁通中，由管理的6个环节联想到人的自律和素养的提升，以期做到正己修身，廉洁自律。

广安职业技术学院崇廉尚洁"三字谣"

蓬中麻，能自直，常洁身，近朱赤。
四君子，有气节，松竹梅，傲霜雪。
朗日月，清水净，形端正，重品性。
讲礼义，知廉耻，固四维，不停滞。

广职院，诸后生，性虽善，待教成。
玉不琢，不成器，岗前训，应铭记。

功崇志，业广勤，简而廉，正则清。
身常思，邪常除，似寒梅，有傲骨。

览前贤，家与国，有邓公，倡廉洁。
明法纪，树清风，弘正气，载史册。
广安府，有传承，仰先贤，重耕读。
华蓥魂，思源情，颂英名，照汗青。

众学子，故里行，耳濡染，当沐熏。
百花潭①，荷莲净，老井水，可澄心。
清风林，不染尘，有慈竹，挺傲骨。
强修身，练品性，勿懈怠，勇践行。

尚学习，须谨记，学养识，当思齐。
内审心，外正容，常自警，不放松。
学愈博，思愈远，清如许，常思廉。
博于文，约以礼，身方正，自成蹊。

临大利，不易义，有操守，须自励。
道与义，人心归，成于思，毁于随。
居其利，思其义，行不端，必自毙。
公义明，私利息，义当先，薄云天。

---

① 百花潭、老井水、清风林均为小平故居著名景点。

静修身，俭养德，品端直，行有格。
一箪食，思不易，一豆羹，当珍惜。
物力艰，崇节俭，倡素朴，记心田。
成由俭，败由奢，勿攀比，葆本色。

立其诚，养其信，取有道，唯德馨。
言必信，行必果，人悖道，皆蹉跎。
诚无垢，信不辱，循规则，德方固。
富与贵，人之欲，诚为本，讲信誉。

明其责，严把关，担道义，重泰山。
任而重，识大体，道亦远，顾大局。
负使命，坚信心，求索路，须弘毅。
业宜勤，贵在行，家国事，总关情。

公生明，廉生威，常自警，存敬畏。
行中正，不逾矩，是与非，明辨析。
源因洁，流便清，宜自省，记分明。
泥沙下，鱼龙杂，海天阔，浪淘沙。

贱贪婪，贵廉洁，重修养，抗诱惑。
知荣辱，守六慎，固底线，讲分寸。
一慎始，练内功，起好步，方善终。
再慎微，重小节，千里堤，溃蚁穴。

三慎好，广见闻，养情趣，品自高。
四慎交，善结友，重情义，肝胆照。
五慎欲，严自律，手莫伸，奉法纪。
六慎独，似修合，有天知，勿疏忽。

此六宝，当记牢，勤拂拭，勿自傲。
致青春，风华茂，心常惬，品自高。
千帆发，万木春，中国梦，待后生。
书声琅，成栋梁，沐春风，满庭芳。

——笔者 2013 年 11 月于春晖楼

《汇聚青春正能量 开启追梦之旅——"三个面向"视野下的少数民族学生教育管理》

怀着憧憬，携着梦想，少数民族莘莘学子追寻小平足迹，求学伟人故里，寻梦广安职院。作为小平故里唯一高校，学院以其博大的胸怀，润物无声，春风化雨，开启了少数民族学生的寻梦之旅。

广安职院坚持小平同志"三个面向"教育思想，高度重视少数民族学生的培养教育，针对人数众多、有十多个少数民族与汉族学生同学同住的学生（少数民族学生有1600余人，占全院总人数的21%），管理面临新挑战。牢牢把握全民族共同团结奋斗、共同繁荣发展的主题，坚持立德树人，深入开展民族团结进步教育和理想信念教育，鼓励学生珍惜人生出彩、梦想成真的大好机会，用青春正能量浇灌梦想，制定了五位一体的少数民族学生培养目标，即做民族地区经济繁荣的建设者和促进者，民族团结进步的倡导者和维护者，民族文化的传承者和弘扬者，小平职业教育思想的践行者和受益者，民族地区生态文明的推动者和守护者。历练品行，刻苦钻研，德技兼修，知行合一，做唱响国家民族梦想的领航者。

一、培植新苗，筑梦小平故里

学院党委一直坚持思想引领、舆论引导，认真践行"三个面向"教育思想，在少数民族学生中牢固树立"三个离不开"思想，以活动为载体，深化对祖国大家庭的情感，将实现伟大中国梦与民族梦、个人梦想紧密联系，将我的梦与我们的梦融入中国梦，懂得国家好、民族好，大家才会好的道理。一是坚持一致性和多样性相结合，针对民族文化差异和认知的不尽相同，分类指导，有的放矢，培养他们的跨文化意识。比如，邀请省内民族问题专家及广安市民宗局领导开展民族政策宣讲会，用民族精神和时代精神凝心聚力，培养实现中国梦的践行者。二是突出三个重点，即重点联系"三困"学生，重点联系信教学生，重点联系骨干学生，把握一个节点。在重点时期，敏感时期特别注重与少数民族学生的联系，通过座谈会、恳谈会，及时交流校情、学情，掌握动态，发现苗头，对其在思想认识、价值取向、道德素质、宗教信仰上存在的一些非主流观念，从思想上正确引导，传递正能量。三是坚持理想信念教育，努力挖掘小平故里红色文化资源，通过红色文化节、民族文化节、传统文化节，开展系列主题教育活动，树理想、长才干、强体魄，懂得只有凝聚各族人民团结的力量，戮力同心，梦想接力，才能实现民族复兴的梦想。

二、雨露滋润，追梦和谐校园

学院党委坚持"三个面向"教育思想，以"团结、教育、疏导、化解"为指导，在育人中渗透爱的教育，制定了"尊重、包容、关爱、严育"的工作机制，用社会主义核心价值体系作为梦想的价值取向。一是培土施肥，针对少数民族学生多才多艺、能歌善舞、淳朴热情的特点，搭建平台，营造丰富多彩、奋发向上的氛围。如利用校园歌手赛、民族交流社开展的民族文字、服饰、风俗专题展，周末民族舞会等，让少数民族学生充分展示其个人魅力以及实现弘扬其优秀民族文化的心愿。二是斫直扶正，通过强化法纪、卫生、合作三个意识，关注寝室、课堂、校园周边三个重点领域，积极探索少数民族学生管理模式，借助数学函数思想，将学校管理、家庭管理、社会管理、自我管理等元素整合，通过纵向联合、横向配合、内外整合，三管齐下，形成管理合力，实现共振效应，使其守法纪、有担当，为追梦奠定坚定的道德基础，插上飞翔的翅膀。三是雨露恩泽，化育滋养，以生为本，坚持既提高思想境界又解决实际困难，学业上积极帮扶，针对他们基础知识相对薄弱，通过一帮一、多帮一等方式，讲授方法、重点辅导，教育他们以学报国，为现代化建设奉献青春；生活上主动关心，通过学院、教育局、财政局及商业银行，开辟绿色通道，单列奖助学金、组织勤工俭学等，在经济上予以奖助，尊重民族习惯，开设清真食堂，在生活上予以关心，以涓涓细流式的关爱帮助他们排忧解难；心理上积极引导，通过一对一咨询、团队咨询、谈心交心、职业生涯规划与指导，帮助他们解决心理问题。同时还通过评先评优、入党积极分子培养、干部选拔培养等，促进他们健康成长。凡此种种正能量的传递，可谓是春风化雨、润物无声，使少数民族学子们梦想信念更坚定，追梦的步履更有力。

三、茁壮成长，梦圆求索之路

苏格拉底说过，世界最快乐的事，莫过于为梦想而奋斗。梦想是激励人们发奋前行的精神动力，当梦想承载着人们的共同理想和追求时，就有了无穷的感召力。学院始终坚持"三个面向"教育思想，围绕少数民族学生全面发展、个性特长发展与可持续发展，结合历史、现实与未来，国家、民族与个人的关系，坚持"三个结合"，即把宗教信仰与遵守国家法律相结合，信守民族风俗习惯与维护民族团结相结合，民族复兴的中国梦与个人的成才梦想相结合，强化少数民族学生的爱国意识、民族团结意识，提高思想道德素质、科学文化素质、身体健康素质和审美素质，为国家特别是少数民族地区培养可靠接班人和合格建设者，指引他们在为实现国家富强、人民幸福、民族振兴的梦想之路上阔步前行。

广安职院少数民族学生管理经历了由粗放式到复合式管理的发展，形成了"尊重、关爱、包容、严育"的工作机制，为少数民族地区培养了一大批技术技能型人才。2012年四川省教育系统创先争优活动领导小组办公室以《创新民族学生管理，构建和谐广职校园》为题刊发了专题简报（149期），介绍了广安职院民族学生的管理经验。

——笔者 2013 年 7 月于春晖楼

后　记
文化 —— 让校园更有品质

　　作为校园文化建设的阶段总结，坚持理念、思路、模式和方法四维并举，既有宏观的设计，又有微观的视角。本书总结了学院文化发展的历程、内涵和独特的个性，遵从社会心理和情感文化走向，通过横向的展望和纵向的传承，即对办学历史的溯源叙述和总结，对院情的正确认知，对学院发展的准确定位，对地域核心文化的正确把握以及对职业教育发展规律的科学研判，以文字的记录和图片的呈现，全景式地分享了我们的文化实践，具有真实感和纪实性。建设过程中寻觅的艰辛，取舍的纠结，否定之否定的痛苦，豁然开朗的觉醒和持续向前的坚守，都内化为宝贵的精神财富。

　　回望过去，在高职校园文化建设中，我们始终着眼于学生的综合素养提升和个性发展。在文而化之的蜕变中，坚持思想引领，努力培育和践行社会主义核心价值观；坚持文化格调，弘扬中华传统美学，建设诗意校园；坚持因材施教，用职教思维探索校园文化建设的科学路径。

　　我们深信，文化的影响必将惠泽每一个高职学生，并经久而持续地激励他们飞得更高更远。

我们坚信，让文化素养成为学生可持续职业发展核心竞争力的教育理想和教育实践，一定会使学院文化建设的脚步更加坚实而有力，在职业教育的通途中，昂首阔步，行而致远。

在迤逦的历史长河中，文化的力量将穿越时空而亘古芳菲……

著　者

2015 年 8 月